故宫博物院 編

故宫博物院藏殷墟甲骨文

謝伯殳卷〔貳〕

中華書局

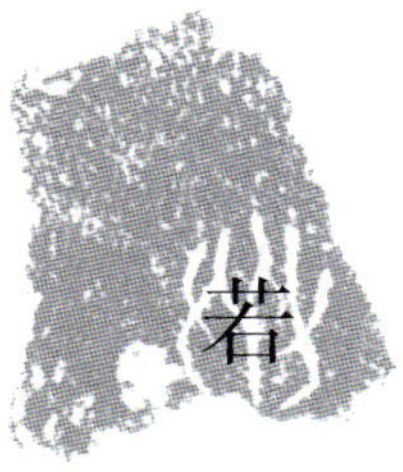

二八〇　若字殘辭

本甲正面存辭一條。反面無字。

（一）☐［若］☐

【備注】

組類：賓組

材質：龜腹甲

尺寸：長二・一、寬一・五厘米

著録：未見

來源：一九五七年三月十三日滬購

院藏號：新一六〇〇三七

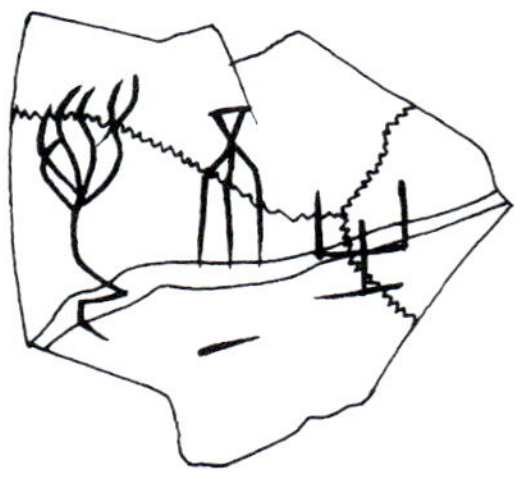

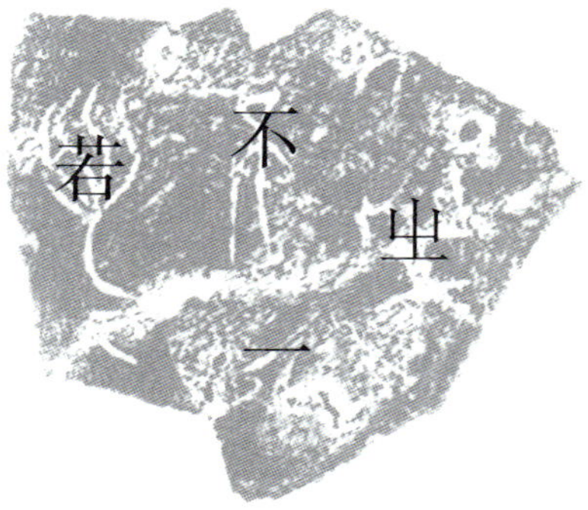

二八一　某日問有不若事

本甲正面存辭一條。反面無字。

（一）□㞢(有)不若。　一

【備注】

組類：賓組

材質：龜腹甲

尺寸：長三・〇、寬二・五厘米

著録：未見

來源：一九五七年三月十三日滬購

院藏號：新一六〇四七二

二八二　某日問父某事

本甲正面存辭一條。反面無字。

（一）▨［父］▨［隹（唯）］▨不▨［若］▨　一〔一〕

【簡釋】

〔一〕本甲反面黏有一片殘甲。

【備注】

組類：賓組

材質：龜腹甲

尺寸：長三・一、寬二・八厘米

著録：《謝》二九六

來源：一九五七年三月十三日滬購

院藏號：新一六〇〇七七

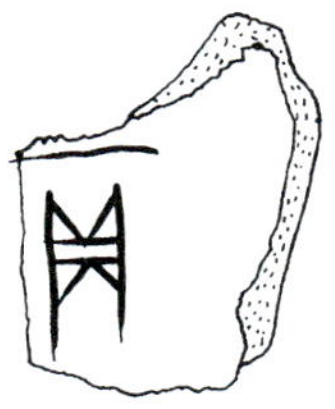

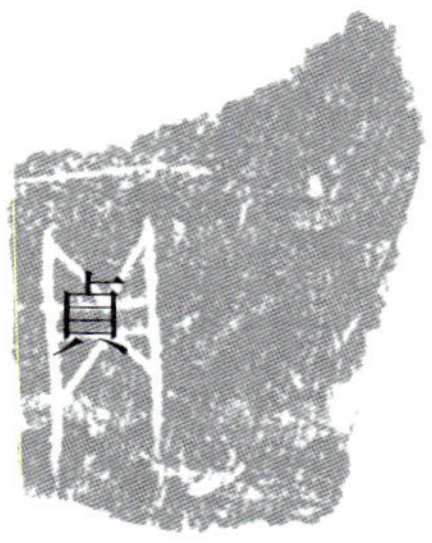

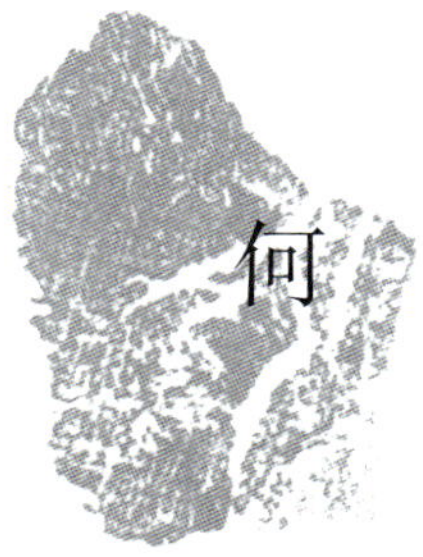

二八三　某日貞等事

本甲正面存辭一條，有界劃綫。反面存辭一條。

〔正面〕

（一）〼貞〼

〔反面〕

（一）〼何〼

【備注】

組類：賓組

材質：龜腹甲

尺寸：長二・四、寬一・九厘米

著録：未見

來源：一九五七年三月十三日滬購

院藏號：新一六〇〇四七

二八四　其一等字殘辭

本甲正面存辭一條。反面無字。

（一）其☒　一

【備注】

組類：賓組

材質：龜背甲

尺寸：長二・六、寬二・六厘米

著録：《謝》三六五

來源：一九五七年三月十三日滬購

院藏號：新一六〇一五九

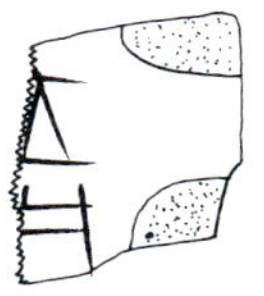

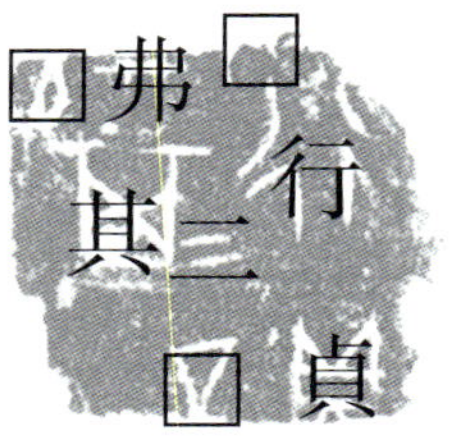

二八五　某日問弗其等事

本甲正面存辭二條。反面存辭一條。

〔正面〕

（一）⧄［貞］⧄□⧄　二

（二）⧄□行⧄［弗］其〔二〕⧄□。

〔反面〕

（一）⧄［王固（占）］⧄

【簡釋】

〔二〕「其」下有「曰」字刮削改刻痕迹。

【備注】

組類：賓組

材質：龜腹甲

尺寸：長一・八、寬二・〇厘米

著録：《謝》一六

來源：一九五七年三月十三日滬購

院藏號：新一六〇一一五

二八六　甲日問乙等事

本骨正面存辭三條。反面無字。

（一）［甲］☐乙☐

（二）五　小告

（三）二告

【備注】

組類：賓組

材質：牛肩胛骨

尺寸：長六・七、寬四・五厘米

著録：未見

來源：一九五七年三月十三日滬購

院藏號：新一六〇二〇六

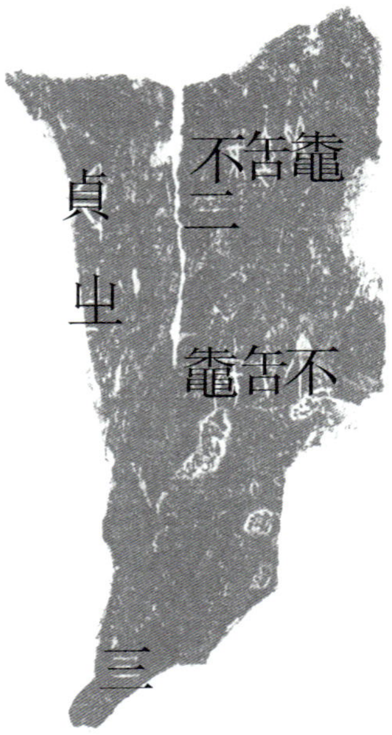

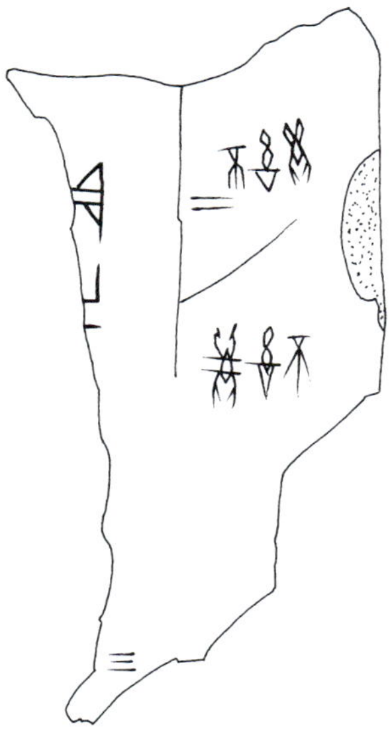

二八七　某日貞㞢某事

本骨正面存辭二條。反面無字。

（一）［貞：㞢］☐　二　不舌黿　三

（二）不舌黿

【備注】

組類：賓組

材質：牛肩胛骨

尺寸：長七・四、寬三・〇厘米

著録：《謝》六三

來源：一九五七年三月十三日滬購

院藏號：新一六〇二七九

二八八　某日問翌庚寅等事

本甲正面存辭二條。反面存辭一條。

〔正面〕

（一）　一　二

（二）　不舌龜

〔反面〕

（一）　☐翌庚寅☐

【備注】

組類：賓組

材質：龜腹甲

尺寸：長四・四、寬二・一厘米

著録：未見

來源：一九五七年三月十三日滬購

院藏號：新一六〇〇一八

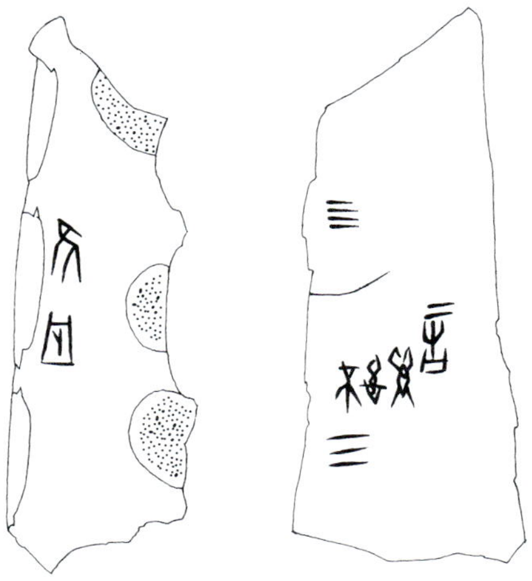

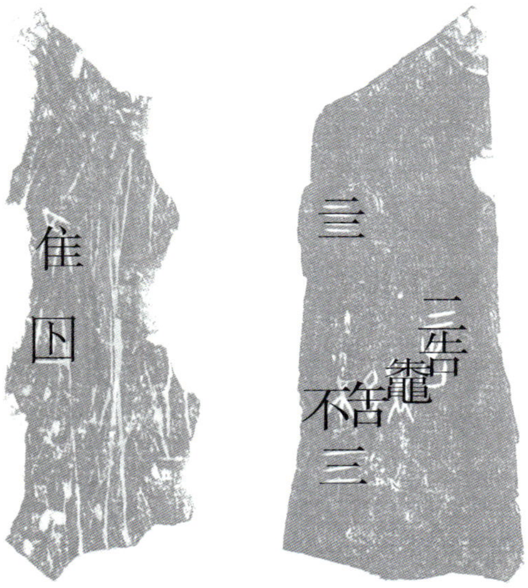

二八九　三四不告鼄二告與唯囚等字殘辭

本骨正反面各存辭一條。

〔正面〕

（一）　三　三（四）　不告鼄　二告

〔反面〕

（一）　隹（唯）囚〔一〕。

【簡釋】

〔一〕「囚」或比定作「禍」「咎」「憂」等字。

【備注】

組類：賓組
材質：牛肩胛骨
尺寸：長六・一、寬二・三厘米
著録：未見
來源：一九五七年三月十三日滬購
院藏號：新一六〇四九六

二九〇　不缶黽告等字殘辭

本骨正面存辭二條。反面無字。

（一）不缶黽

（二）☐告

【備注】

組類：賓組

材質：牛肩胛骨

尺寸：長六・七、寬五・九厘米

著録：《謝》一八

來源：一九五七年三月十三日滬購

院藏號：新一六〇四九九四

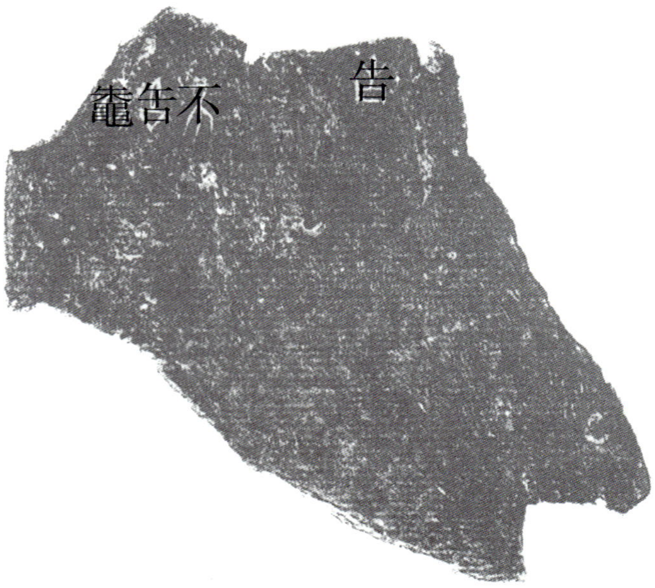
黿告不
告

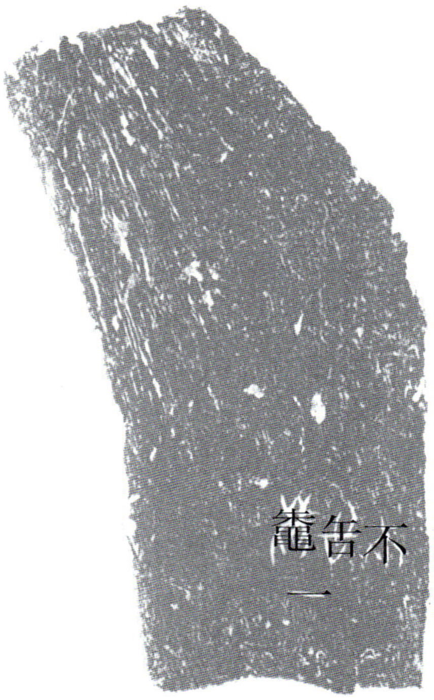

二九一　一不吿黿殘辭

本骨正面存辭二條。反面無字。

（一）一

（二）不吿黿

【備注】

組類：賓組

材質：牛肩胛骨

尺寸：長六・四、寬二・四厘米

著録：《謝》二〇

來源：一九五七年三月十三日滬購

院藏號：新一六〇三七七

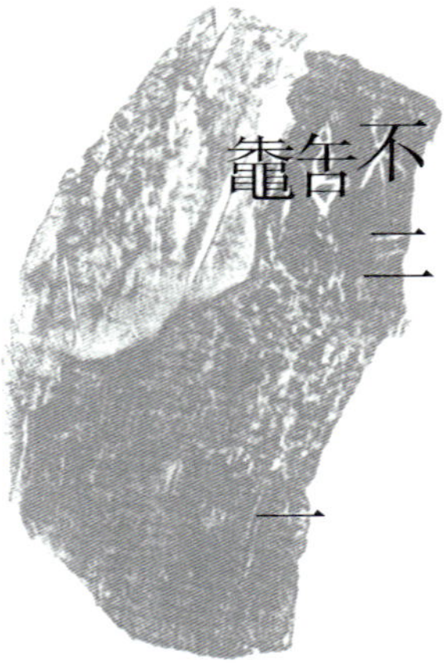

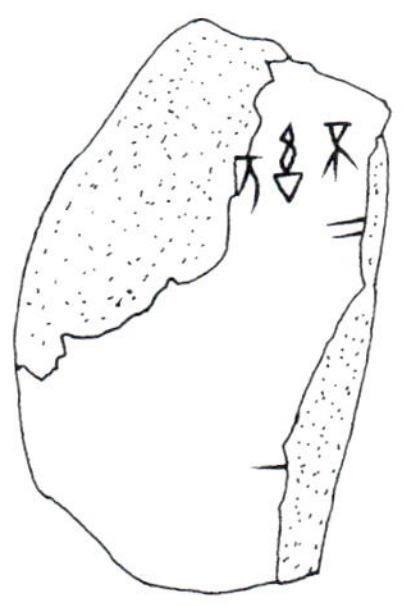

二九二　一二不舌黿等字殘辭

本骨正面存辭二條。反面無字。

（一）［一］二

（二）不舌［黿］

【備注】

組類：賓組

材質：牛肩胛骨

尺寸：長三・八、寬一・八厘米

著録：未見

來源：一九五七年三月十三日滬購

院藏號：新一六〇四五九

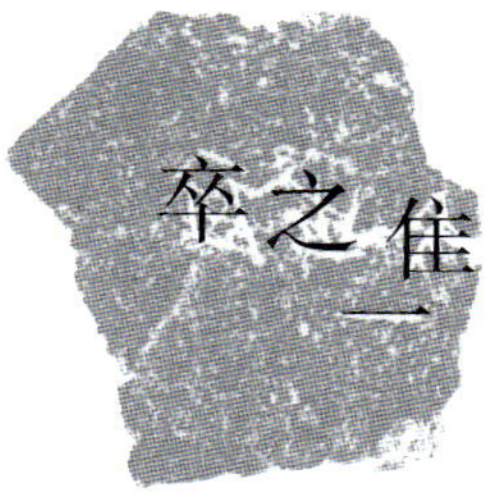

二九三　隹之卒等字殘辭

本甲正面存辭一條。反面無字。

（一）☐隹☐之☐卒☐　一

【備注】

組類：賓組

材質：龜腹甲

尺寸：長二・二、寬二・五厘米

著録：《京》二三八三、《謝》三一八、《合》一六〇九四

來源：一九五七年三月十三日滬購

院藏號：新一六〇〇三〇

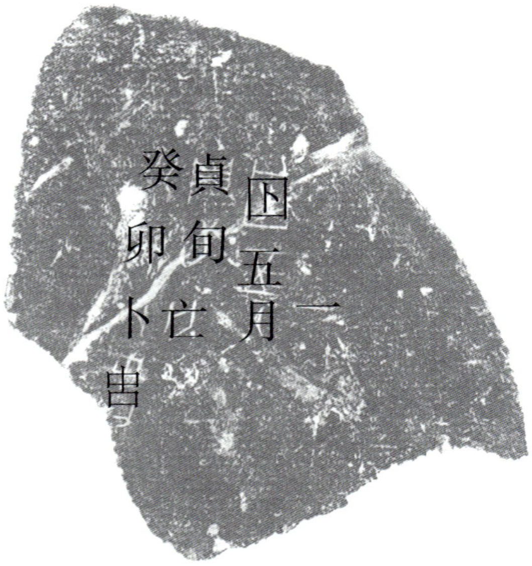

二九四　五月癸卯卜古貞旬亡囚事

本甲正面存辭一條。反面無字。

（一）癸卯卜，甴(古)〔一〕貞：旬亡囚〔二〕。五〔三〕月。一〔四〕

【簡釋】

〔一〕「甴」下有「唐」字刮削改刻痕迹。

〔二〕「囚」或比定作「禍」「咎」「憂」等字。

〔三〕「五」下有「三」字刮削改刻痕迹。

〔四〕本甲字口填墨。

【備注】

組類：賓組

材質：龜腹甲

尺寸：長五・一、寬五・二厘米

著録：《合》一六六八一

來源：一九五七年三月十三日滬購

院藏號：新一六〇二〇九

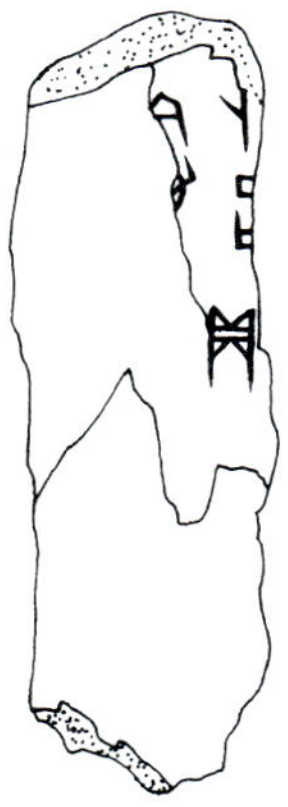

二九五　某日卜古貞宦事

本骨正面存辭一條。反面無字。

（一）〼卜，［古（古）貞］〼宦〼

【備注】

組類：賓組

材質：牛肩胛骨

尺寸：長五·四、寬一·六厘米

著録：未見

來源：一九五七年三月十三日滬購

院藏號：新一六〇〇七

二九六　丁日卜王事

本甲正面存辭一條。反面無字。

（一）　丁☐卜☐王☐　一

【備注】

組類：賓組

材質：龜腹甲

尺寸：長二・一、寬二・〇厘米

著録：《謝》二七七

來源：一九五七年三月十三日滬購

院藏號：新一六〇一八七

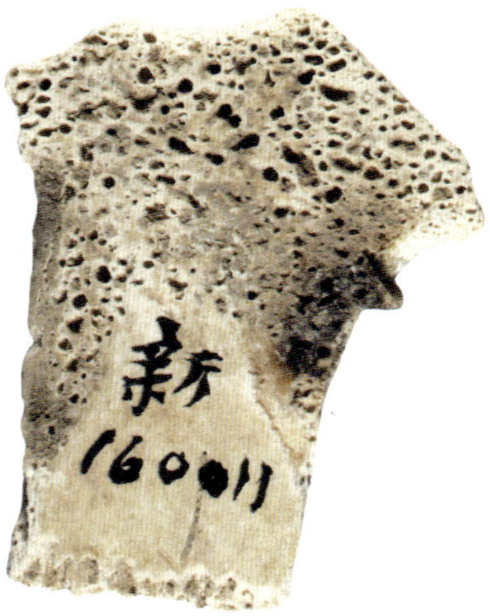

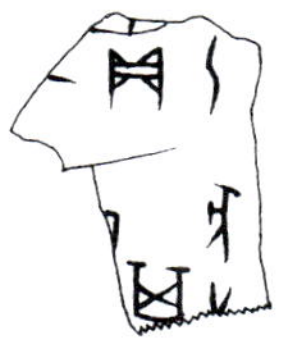

二九七　乙亥卜貞其等事

本甲正面存辭二條，有界劃綫。反面無字。

（一）乙亥〔卜〕，貞：其□☒　〔一〕

（二）☒□☒〔二〕

【簡釋】

〔一〕本甲字口填墨。

【備注】

組類：賓組

材質：龜腹甲

尺寸：長二・二，寬一・七厘米

著録：未見

來源：一九五七年三月十三日滬購

院藏號：新一六〇〇一一

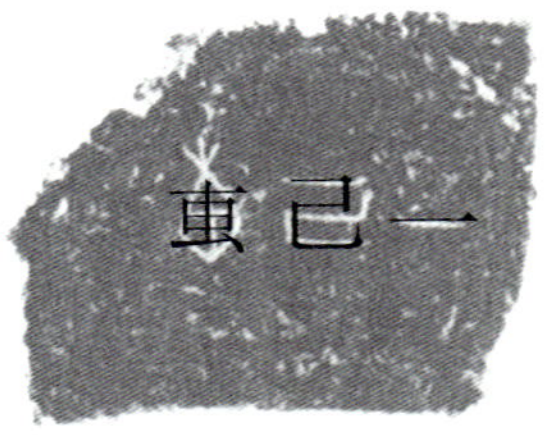

二九八　己日問某事

本甲正面存辭一條。反面無字。

（一）己☐叀☐　一

【備注】

組類：賓組

材質：龜腹甲

尺寸：長一・九、寬一・四厘米

著録：未見

來源：一九五七年三月十三日滬購

院藏號：新一六〇四一七

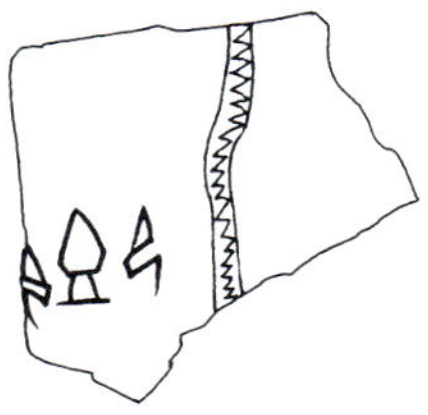

二九九　某日問卿事

本甲正面存辭一條。反面無字。

（一）　☐卿☐〔一〕

【簡釋】

〔一〕本甲右上有「受年」等字僞刻。

【備注】

組類：賓組

材質：龜腹甲

尺寸：長二・六、寬二・七厘米

著録：未見

來源：一九五七年三月十三日滬購

院藏號：新一六〇四八九

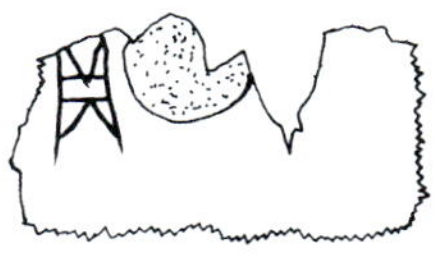
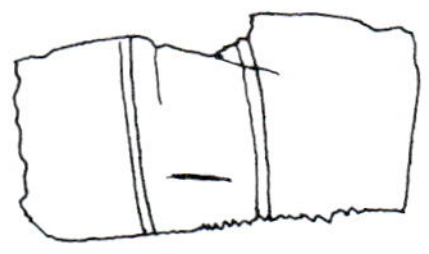

三〇〇　某日貞某事

本甲正反面各存辭一條。

〔正面〕

（一）一

〔反面〕

（一）☐貞☐〔一〕

【簡釋】

〔一〕本甲反面黏有硃砂。

【備注】

組類：賓組

材質：龜背甲

尺寸：長一・六、寬三・〇厘米

著録：未見

來源：一九五七年三月十三日滬購

院藏號：新一六〇一五五

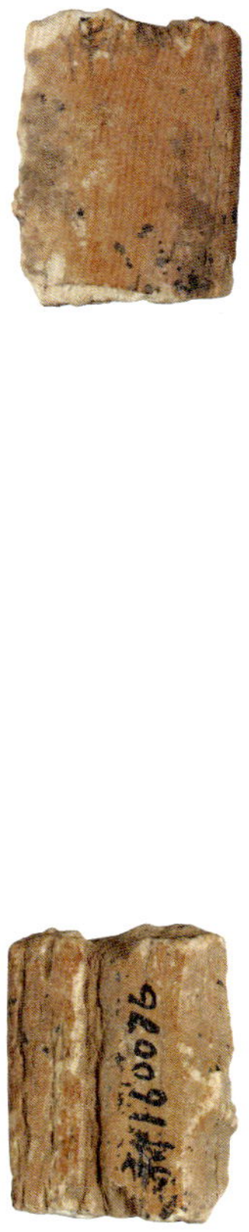

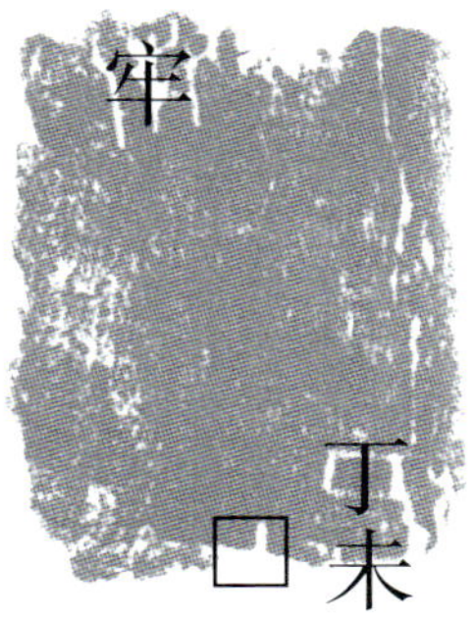

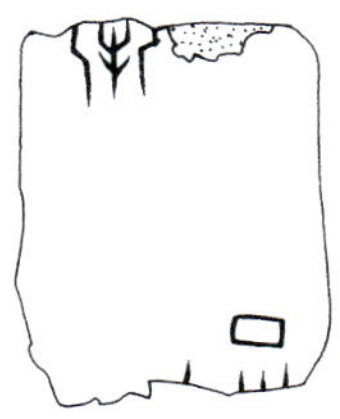

三〇一　丁未問與用牢等事

本骨正面存辭二條。反面無字。

（一）丁［未］☐☐☐

（二）☐牢。

【備注】

組類：賓組

材質：牛肩胛骨

尺寸：長二・七、寬二・〇厘米

著録：未見

來源：一九五七年三月十三日滬購

院藏號：新一六〇〇七六

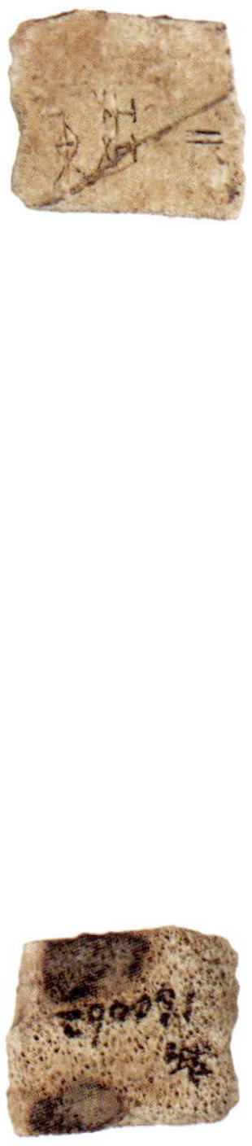

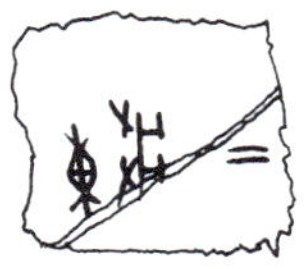

三〇二　某日問東𣪊事

本甲正面存辭一條。反面無字。

（一）☐東☐𣪊☐　二

【備注】

組類：賓出

材質：龜腹甲

尺寸：長一·七、寬一·九厘米

著録：《合》一九五六七

來源：一九五七年三月十三日滬購

院藏號：新一六〇〇六二

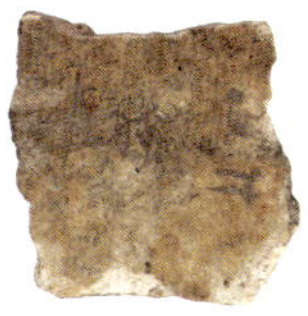

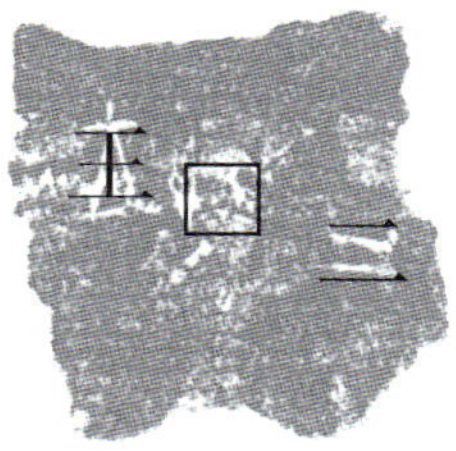
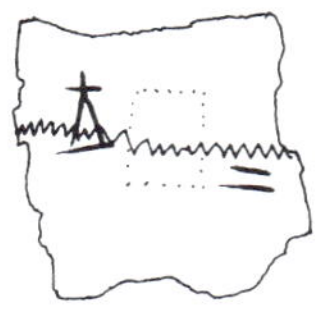

三〇三　某日問王某事

本甲正面存辭一條。反面無字。

（一）〼王〼□〼　二

【備注】

組類：賓出
材質：龜腹甲
尺寸：長二・〇、寬一・九厘米
著録：未見
來源：一九五七年三月十三日滬購
院藏號：新一六〇〇三一

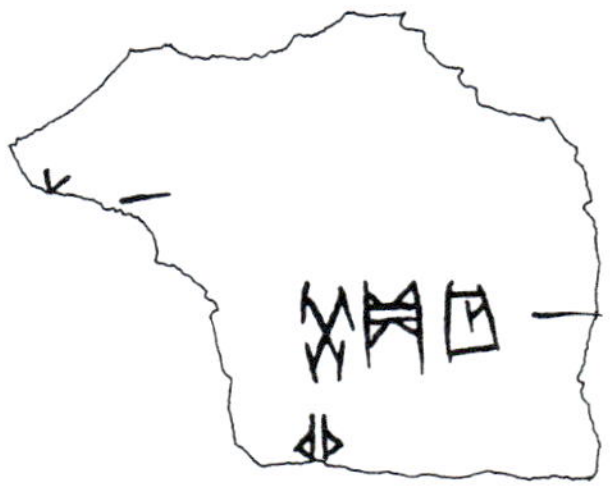

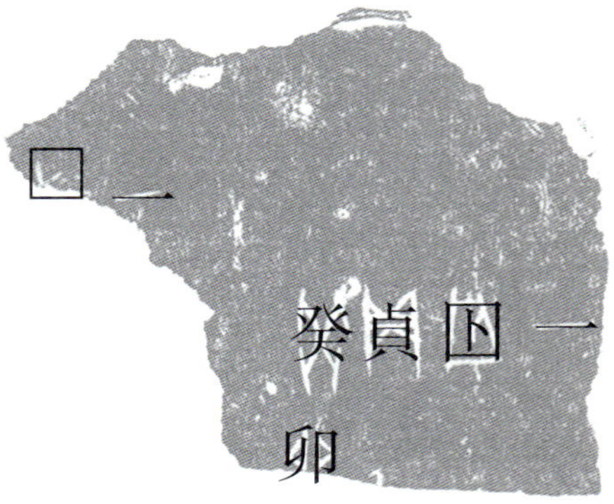

三〇四　癸卯貞𡆥等事

本甲正存辭二條。反面無字。

（一）癸［卯］☐貞☐𡆥。一

（二）☐☐☐　一[一]

【簡釋】

［一］本甲字口填墨。

【備注】

組類：賓出

材質：龜腹甲

尺寸：長三・二、寬四・四厘米

著録：未見

來源：一九五七年三月十三日滬購

院藏號：新一六〇二一九

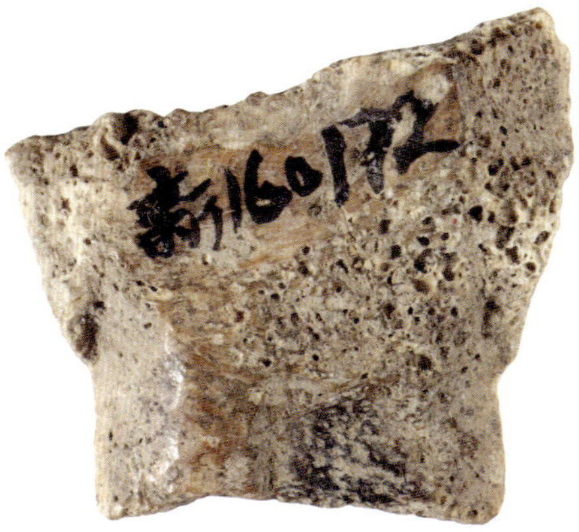

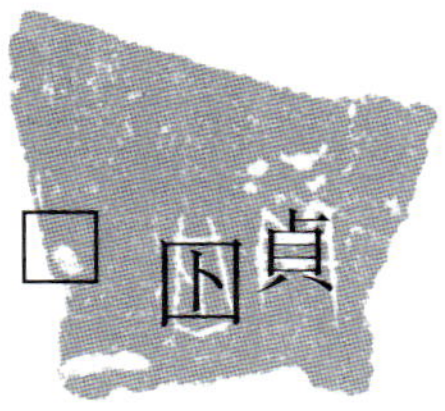

三〇五　某日貞𡆥等事

本甲正面存辭二條。反面無字。

（一）☐貞☐𡆥☐

（二）☐☐☐

【備注】

組類：賓出

材質：龜腹甲

尺寸：長一・八、寬二・一厘米

著録：《謝》二六一

來源：一九五七年三月十三日滬購

院藏號：新一六〇一七二

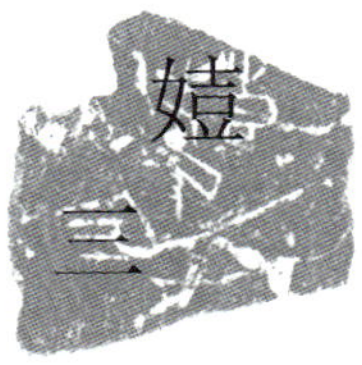

三〇六　某日問艱等事

本甲正面存辭二條，有界劃綫。反面無字。

（一）〼嬉（艱）〼

（二）三

【備注】

組類：賓出

材質：龜腹甲

尺寸：長一・六、寬一・五厘米

著録：未見

來源：一九五七年三月十三日滬購

院藏號：新一六〇四四〇

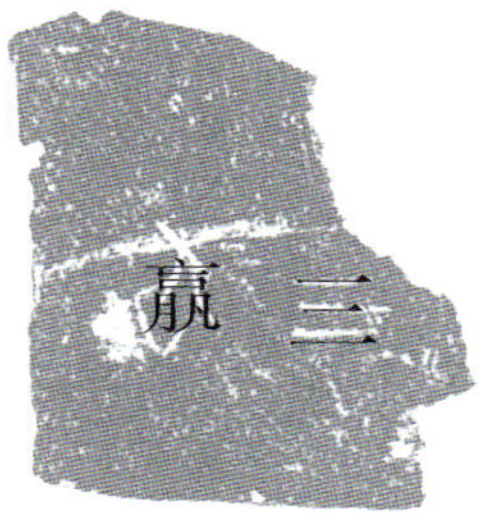

三〇七　某日問亮事

本甲正面存辭一條。反面無字。

（一）☐亮。　三

【備注】

組類：賓出

材質：龜腹甲

尺寸：長二·三、寬一·九厘米

著録：未見

來源：一九五七年三月十三日滬購

院藏號：新一六〇〇五八

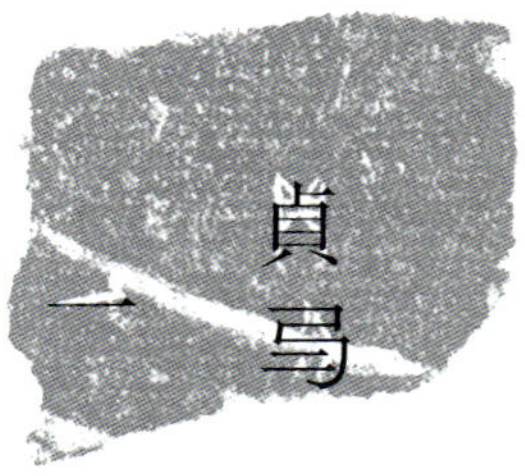

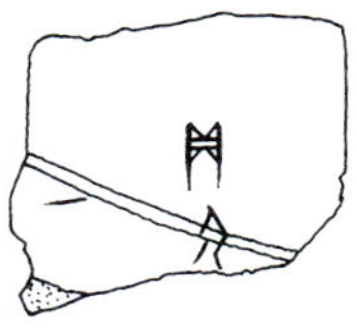

三〇八　某日貞勿某事

本甲正面存辭一條。反面無字。

（一）貞：弓（勿）☐　一

【備注】

組類：賓出

材質：龜腹甲

尺寸：長二·一、寬二·五厘米

著録：未見

來源：一九五七年三月十三日滬購

院藏號：新一六〇〇二八

三〇九　癸日貞巳日雨事

本甲正面存辭一條。反面無字。

（一）［癸］☐貞☐巳☐雨。一

【備注】

組類：賓出

材質：龜腹甲

尺寸：長一・八、寬二・二厘米

著録：《謝》二五二

來源：一九五七年三月十三日滬購

院藏號：新一六〇三二八

三一〇　未日問雨事

本甲正面存辭一條。反面無字。

（一）☐未☐雨。三

【備注】

組類：賓出

材質：龜腹甲

尺寸：長二·〇、寬二·〇厘米

著録：《京》四七〇、《謝》二七二、《合》一一八四七

來源：一九五七年三月十三日滬購

院藏號：新一六〇一七八

三一一 某日問王族事

本甲正面存辭一條，有界劃綫。反面無字。

（一）☐王族☐☐ 一

【備注】

組類：賓出

材質：龜腹甲

尺寸：長一・九、寬二・〇厘米

著録：《京》二一〇二、《謝》三六四、《合》一四九一四

來源：一九五七年三月十三日滬購

院藏號：新一六〇〇八〇

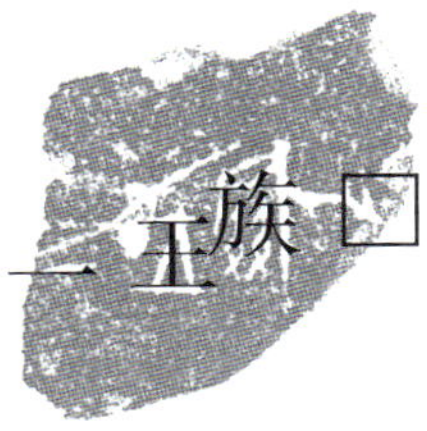

三一一　某日問雀事

本甲正面存辭一條。反面無字。

（一）☐☐雀☐　三〔一〕

【簡釋】

〔一〕本甲字口填墨。

【備注】

組類：賓出

材質：龜腹甲

尺寸：長一・九、寬二・一厘米

著録：《謝》二三三

來源：一九五七年三月十三日滬購

院藏號：新一六〇一二六

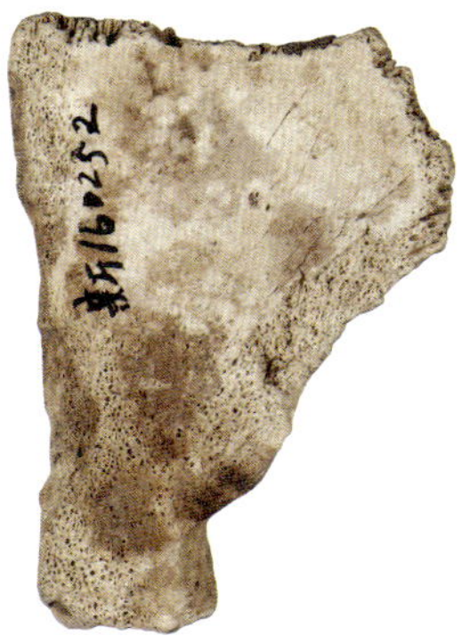

三一三　五月乙亥乙未等日卜王貞今夕亡囚事

本甲正面存辭三條，反面無字。

（一）［乙］☐□☐

（二）乙亥卜，王貞：今夕亡囚〔一〕。

（三）乙未卜，王貞：今夕亡囚。五月〔二〕。

【簡釋】

〔一〕「囚」或比定作「禍」「咎」「憂」等字。下同。

〔二〕「五月」爲合文。又，本甲字口填墨。

【備注】

組類：賓出

材質：龜腹甲

尺寸：長四・八、寬三・五厘米

著録：《合》一六五五〇

來源：一九五七年三月十三日滬購

院藏號：新一六〇二五二

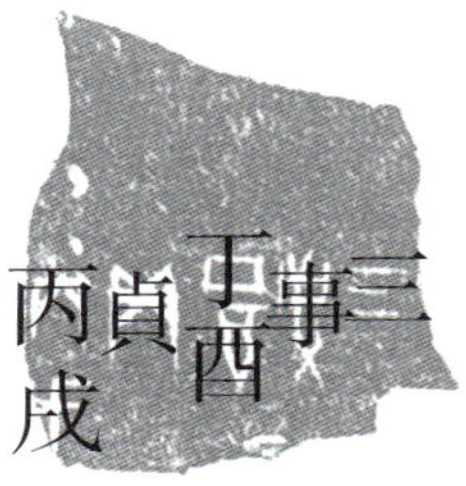

三一四　丙戌貞丁酉事

本甲正面存辭一條。反面無字。

（一）　丙戌☐貞☐丁酉☐事☐　三

【備注】

組類：賓出

材質：龜腹甲

尺寸：長二·二、寬一·九厘米

著録：《京》一〇七九、《謝》一七七、《合補》五八三九

來源：一九五七年三月十三日滬購

院藏號：新一六〇四六一

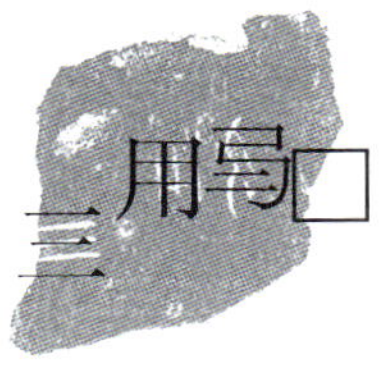

三一五　某日問勿用等事

本甲正面存辭二條。反面無字。

（一）　弓(勿)用。　三

（二）　☐☐☐

【備注】

組類：賓出

材質：龜腹甲

尺寸：長一・六、寬一・五厘米

著録：《合》一五四一九

來源：一九五七年三月十三日滬購

院藏號：新一六〇四一九

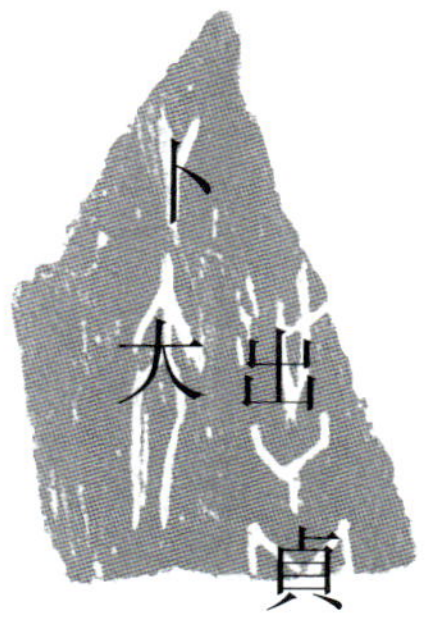

三一六　某日出貞與大問等事

本骨正面存辭二條。反面無字。

（一）☐出[貞]☐

（二）☐卜，大☐

【備注】

組類：出組

材質：牛肩胛骨

尺寸：長二・六、寬一・五厘米

著録：未見

來源：一九五七年三月十三日滬購

院藏號：新一六〇三三一

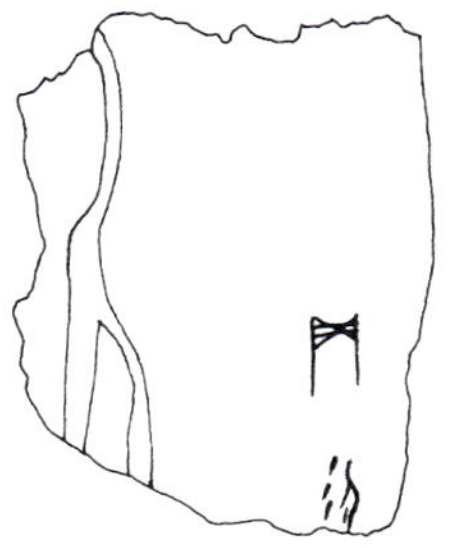

三一七　某日貞勿某事

本甲正面存辭一條。反面無字。

（一）貞：勿☐

【備注】

組類：出組

材質：龜腹甲

尺寸：長三・八、寬二・八厘米

著録：未見

來源：一九五七年三月十三日滬購

院藏號：新一六〇二九八

三一八　某日卜旅問歲祝事

本甲正面存辭一條。反面無字。

（一）☐☐卜，旅☐歲☐祝。

【備注】

組類：出組

材質：龜腹甲

尺寸：長二·七、寬二·三厘米

著録：《合》二五九二三

來源：一九五七年三月十三日滬購

院藏號：新一六〇二三九

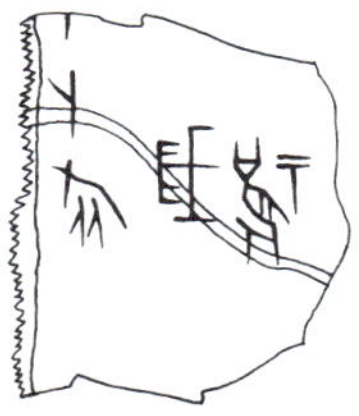
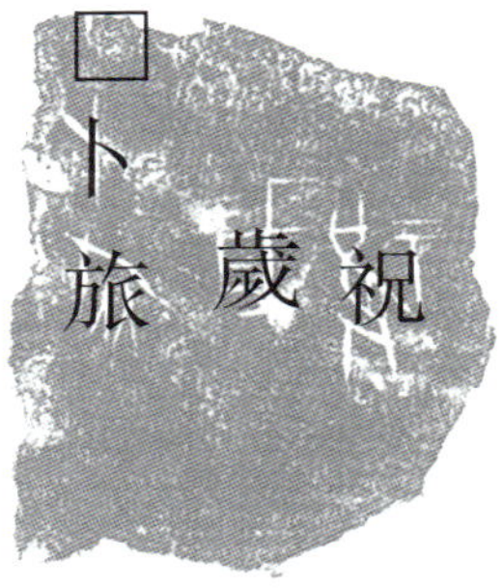

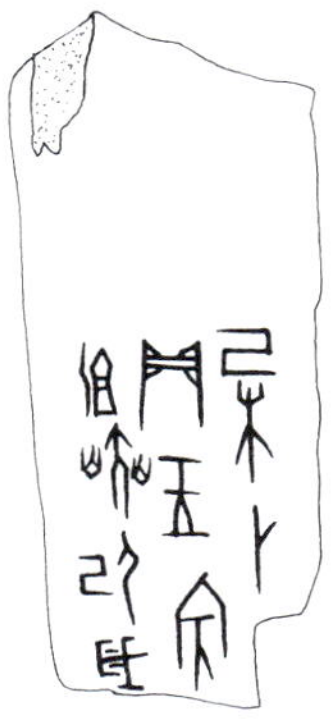

三一九　己未卜貞王儐祖乙奭妣己歲事

本骨正面存辭一條。反面無字。

（一）己未卜▨貞：王［宓（儐）］且（祖）乙[一]奭匕（妣）己[二]歲。

【簡釋】

［一］「且乙」爲合文。

［二］「匕己」爲合文。

【備注】

組類：出組

材質：牛肩胛骨

尺寸：長四・九、寬一・八厘米

著録：《京》四〇八三、《謝》二九二、《合》二三三三〇

來源：一九五七年三月十三日滬購

院藏號：新一六〇三四八

三二〇　丙日出問儐祼等事

本甲正面存辭二條。反面無字。

（一）丙☐出☐宔（儐）☐禫（祼）☐

（二）☐貞☐［禫（祼）］☐

【備注】

組類：出組

材質：龜腹甲

尺寸：長二・二、寬一・八厘米

著録：《謝》二四七

來源：一九五七年三月十三日滬購

院藏號：新一六〇二八八

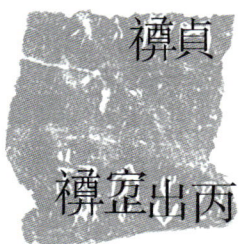

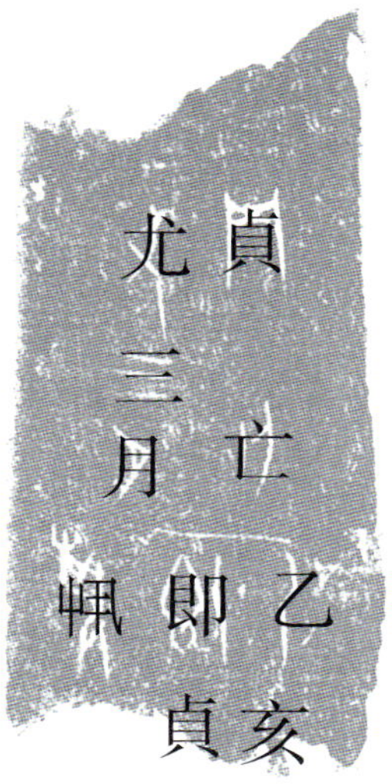

三二一

乙亥即貞夙等事

本骨正面存辭二條，有界劃綫。反面無字。

（一）乙［亥］□即［貞］□帆（夙）□

（二）貞：亡尤。三月。

【備注】

組類：出組

材質：牛肩胛骨

尺寸：長四・六、寬二・〇厘米

著録：《合》二六一一一

來源：一九五七年三月十三日滬購

院藏號：新一六〇三四七

三三二　壬日貞王戠等事

本骨正面存辭四條。反面無字。

（一）貞☑　二

（二）壬☑貞：王☑戠〔一〕☑囚〔二〕。　二

（三）貞：亡尤。　二

（四）☑卜☑宦（儐）☑囚。

【簡釋】

〔一〕「戠」或比定作「待」字。

〔二〕「囚」或比定作「禍」「咎」「憂」等字。下同。

【備注】

組類：出組

材質：牛肩胛骨

尺寸：長四・二、寬五・六厘米

著録：《合》二五七三二

來源：一九五七年三月十三日滬購

院藏號：新一六〇二〇七

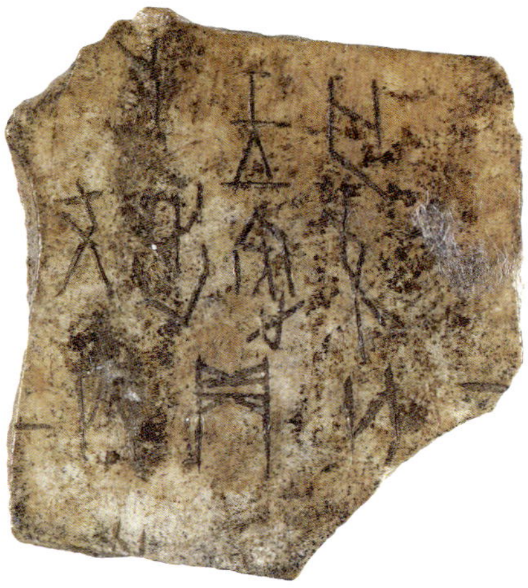

三三三 丙申卜出貞王儐亡尤等事

本甲正面存辭四條。反面無字。

（一）丙［申］☐貞：亡☐ 一

（二）一

（三）☐尤。

（四）☐卜，出☐王宾（儐）☐亡尤。〔一〕

【簡釋】

〔一〕本甲字口填墨。

【備注】

組類：出組

材質：龜腹甲

尺寸：長二・〇、寬一・八厘米

著録：《謝》二七三

來源：一九五七年三月十三日滬購

院藏號：新一六〇一三四

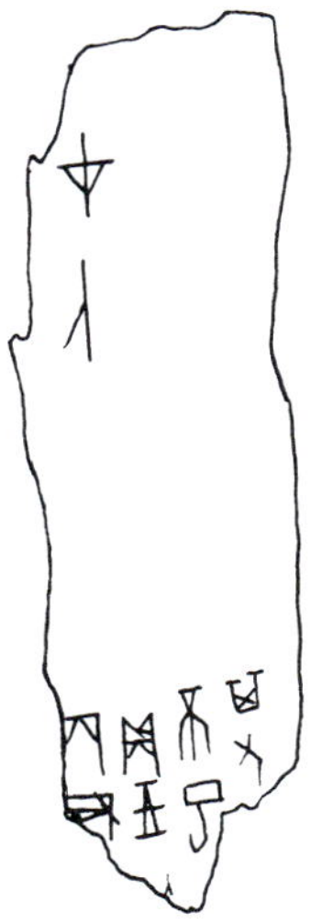

三一四　丙辰貞王不巳其祐等事

本骨正面存辭二條。反面無字。

（一）［丙辰］☐貞：王☐☐不巳[一]☐其又（祐）。

（二）才（在）卜（外）。

【簡釋】

［一］「巳」或比定作「改」字。

【備注】

組類：出組

材質：牛肩胛骨

尺寸：長六・七、寬一・五厘米

著録：《合》二六八一五

來源：一九五七年三月十三日滬購

院藏號：新一六〇三〇〇

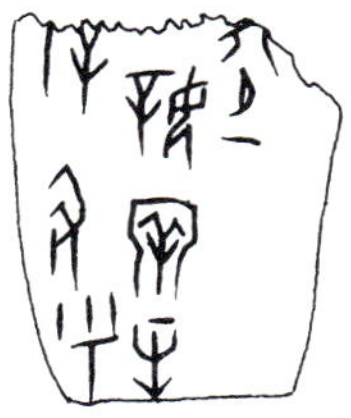

三二五　六月某日卜辛丑呼祭母辛宰一牛事

本甲正面存辭一條。反面無字。

（一）☐［卜］☐辛丑乎（呼）☐母辛〔一〕宰、一牛。六月。一

【簡釋】

〔一〕「母辛」爲合文。

【備注】

組類：出組

材質：龜腹甲

尺寸：長二・七、寬二・一厘米

著録：《京》八一一、《謝》三九三、《合》二三四三五

來源：一九五七年三月十三日滬購

院藏號：新一六〇一〇九

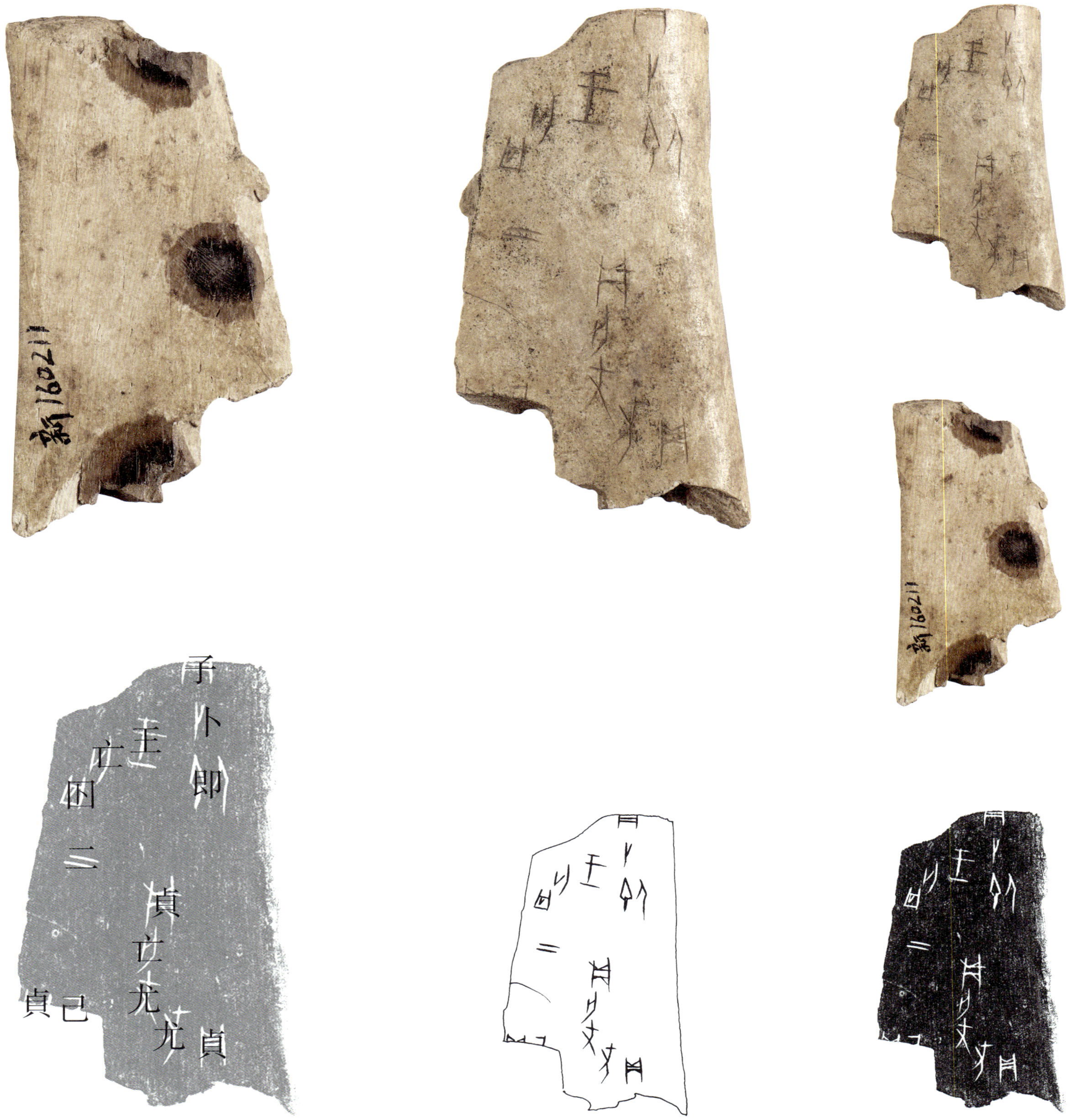

三二六　子日卜即問王亡囚等事

本骨正面存辭四條。反面無字。

（一）貞☐尤。

（二）[己]☐[貞]☐

（三）貞：亡尤。二

（四）☐[子]卜，即☐王☐亡囚〔一〕。

【簡釋】

〔一〕「囚」或比定作「禍」「咎」「憂」等字。

【備注】

組類：出組

材質：牛肩胛骨

尺寸：長五・九、寬三・二厘米

著録：未見

來源：一九五七年三月十三日滬購

院藏號：新一六〇二一一

三二七　十二月丁亥在𠂤木卜王等事

本骨正面存辭三條。反面無字。

（一）丁亥卜，王。才（在）十二月〔一〕。

（二）丁亥卜，王。才（在）𠂤木卜。

（三）☐卜，王☐

【簡釋】

〔一〕「十二月」爲合文。

【備注】

組類：出組

材質：牛肩胛骨

尺寸：長七・三、寬二・一厘米

著録：《合》二四二七一

來源：一九五七年三月十三日滬購

院藏號：新一六〇五〇六

新160506

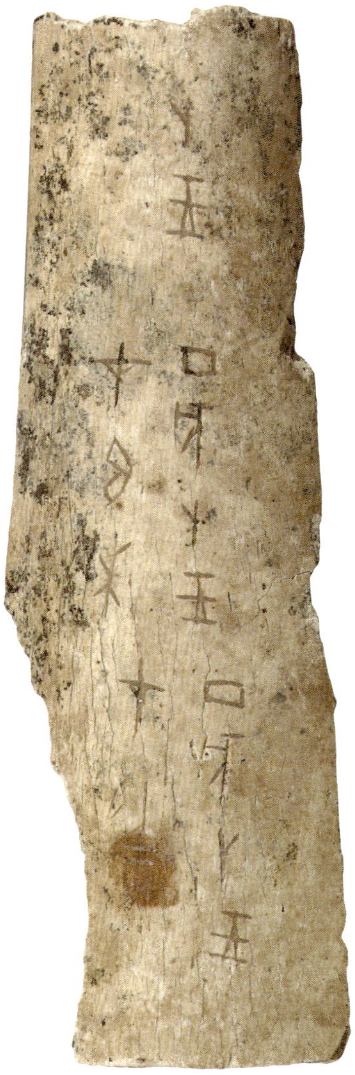

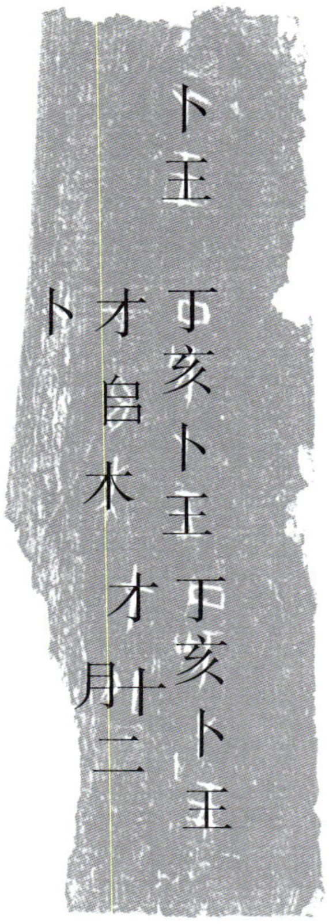
卜王
丁亥卜王
丁亥卜王
才𠂤木
才十二月
卜

三二八　丙子卜行貞王出亡囚等事

本骨正面存辭二條。反面無字。

（一）☐貞☐

（二）［丙］子卜，行貞：王出，［亡囚］〔一〕。

【簡釋】

〔一〕「囚」或比定作「禍」「咎」「憂」等字。

【備注】

組類：出組

材質：牛肩胛骨

尺寸：長三・七、寬一・五厘米

著録：《合》二三七三八

來源：一九五七年三月十三日滬購

院藏號：新一六〇〇六八

三二九　某日出問夕囚事

本甲正面存辭一條。反面無字。

（一）　☐出☐夕☐囚〔一〕。

【简釋】

〔一〕「囚」或比定作「禍」「咎」「憂」等字。

【備注】

組類：出組

材質：龜腹甲

尺寸：長一・九、寬二・一厘米

著録：未見

來源：一九五七年三月十三日滬購

院藏號：新一六〇二九一

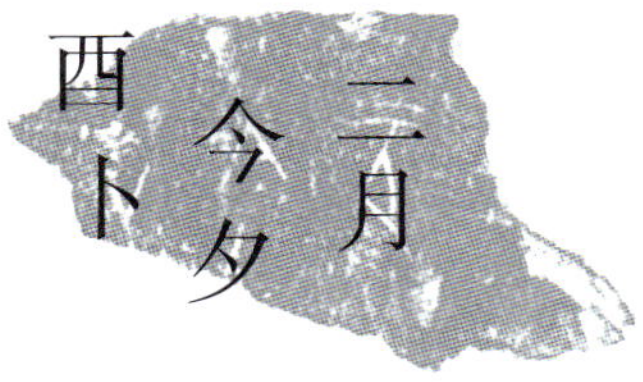

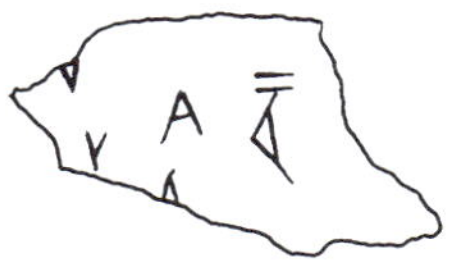

三三〇　二月酉日卜今夕事

本甲正面存辭一條。反面無字。

（一）☐［酉］卜☐今［夕］☐二月。

【備注】

組類：出組

材質：龜腹甲

尺寸：長一・七、寬二・三厘米

著録：未見

來源：一九五七年三月十三日滬購

院藏號：新一六〇四二九

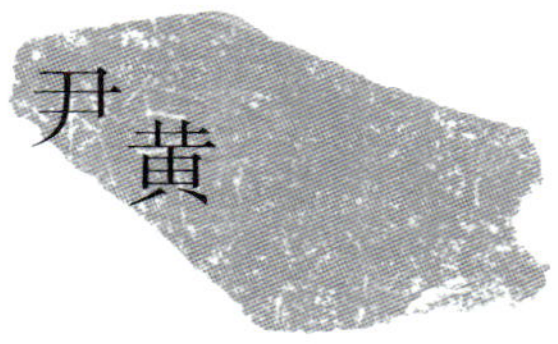

三三二　某日問黃尹事

本甲正面存辭一條。反面無字。

（一）〼黃尹〼

【備注】

組類：出組

材質：龜腹甲

尺寸：長一・五、寬三・一厘米

著録：未見

來源：一九五七年三月十三日滬購

院藏號：新一六〇〇八一

三三三二　某日卜今夕事

本骨正面存辭一條。反面無字。

（一）☐☐卜☐☐今夕☐　二

【備注】

組類：出組

材質：牛肩胛骨

尺寸：長三・〇、寬二・二厘米

著録：《謝》一五五

來源：一九五七年三月十三日滬購

院藏號：新一六〇三一五

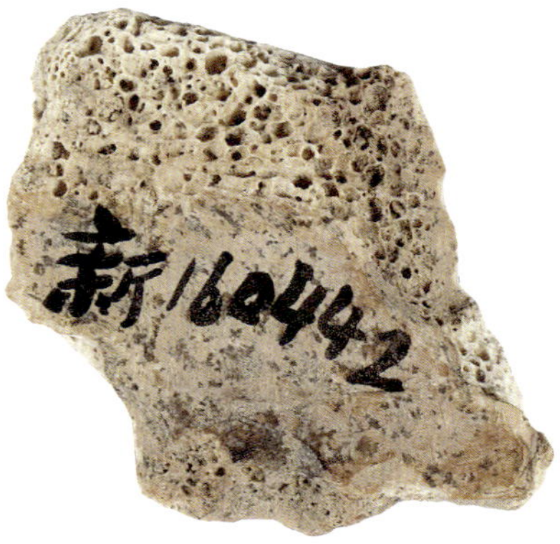

三三三　丙日出問今某事

本甲正面存辭一條。反面無字。

（一）［丙］☐出☐今☐

【備注】

組類：出組

材質：龜背甲

尺寸：長一・七、寬一・五厘米

著録：未見

來源：一九五七年三月十三日滬購

院藏號：新一六〇四四二

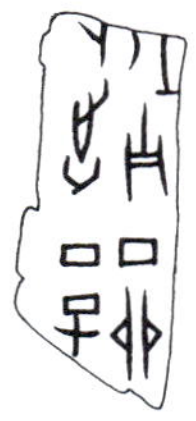

三三四　戊子卜出問某等事

本甲正面存辭二條。反面無字。

（一）丁巳☐丁卯☐

（二）［戊］子［卜］，出☐

【備注】

組類：出組

材質：龜腹甲

尺寸：長二・七、寬一・一厘米

著録：《京》三七三四、《謝》二八〇、《合補》七〇七一

來源：一九五七年三月十三日滬購

院藏號：新一六〇四七三

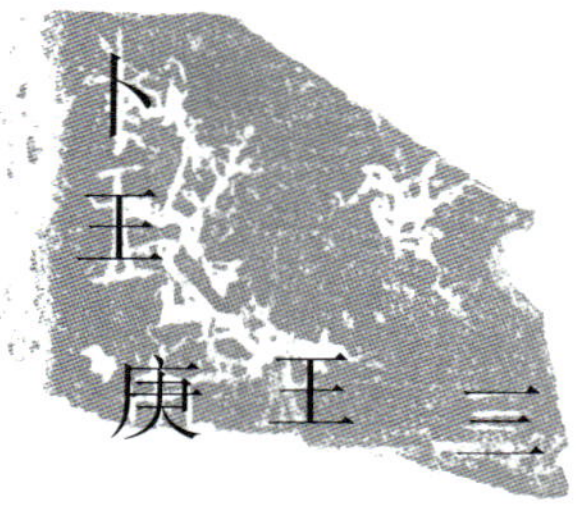

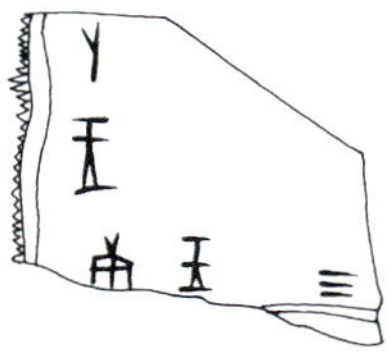

三三五　庚日卜王等事

本甲正面存辭二條。反面無字。

（一）庚☐王。　三

（二）☐卜，王。

【備注】

組類：出組

材質：龜腹甲

尺寸：長二・二、寬二・九厘米

著録：《謝》三七七

來源：一九五七年三月十三日滬購

院藏號：新一六〇一五三

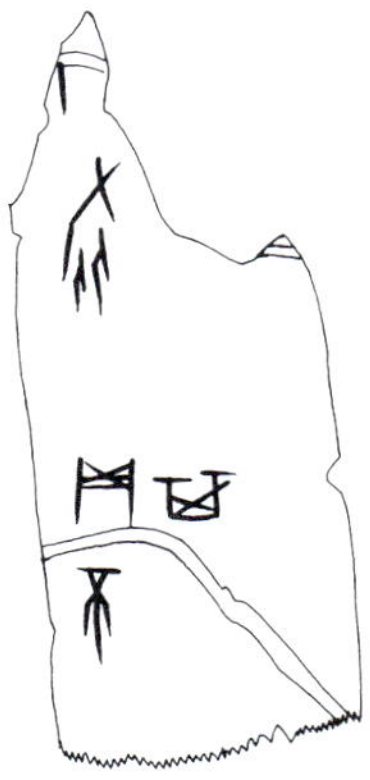

三三六　某日卜旅問某等事

本甲正面存辭二條。反面無字。

（一）貞：不其☐

（二）☐［卜］，旅☐

【備注】

組類：出組

材質：龜腹甲

尺寸：長五・二、寬二・○厘米

著錄：《合》二三六四七

來源：一九五七年三月十三日滬購

院藏號：新一六○三三六

三三七　某日貞尤事

本甲正面存辭一條。反面無字。

（一）貞☐尤。一〔一〕

【簡釋】

〔一〕本甲字口填墨。

【備注】

組類：出組

材質：龜腹甲

尺寸：長一・六、寬二・一厘米

著録：未見

來源：一九五七年三月十三日滬購

院藏號：新一六〇〇四三

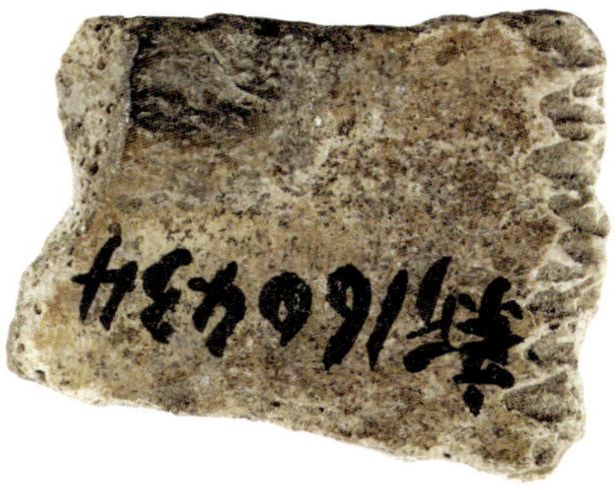

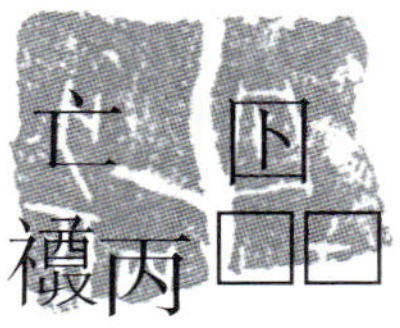

三三八　某日問祼等事

本甲正面存辭二條。反面無字。

（一）☐［禶（祼）］☐丙☐□☐□☐

（二）☐亡囚［一］。

【簡釋】

［一］「囚」或比定作「禍」「咎」「憂」等字。

【備注】

組類：出組

材質：龜背甲

尺寸：長一・四、寬一・一厘米

著録：未見

來源：一九五七年三月十三日滬購

院藏號：新一六〇四三四

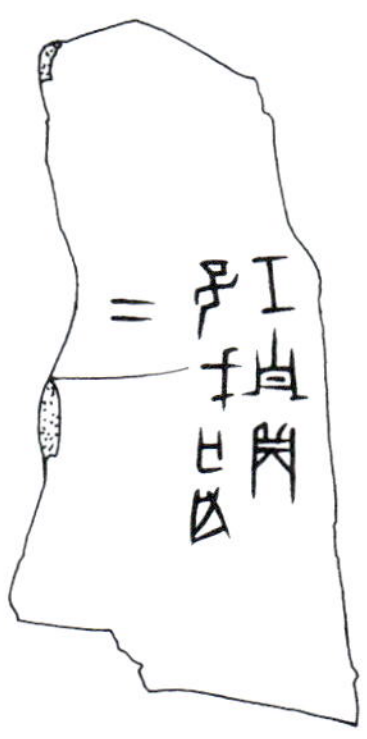

三三九　壬子貞子戈亡囚事

本骨正面存辭一條。反面無字。

（一）壬子貞：子戈亡囚[一]。　二

【簡釋】

[一]「囚」或比定作「禍」「咎」「憂」等字。

【備注】

組類：自歷

材質：牛肩胛骨

尺寸：長五・〇、寬二・三厘米

著録：《京》三一四七、《謝》三八一、《合》三三七七九

來源：一九五七年三月十三日滬購

院藏號：新一六〇二八二

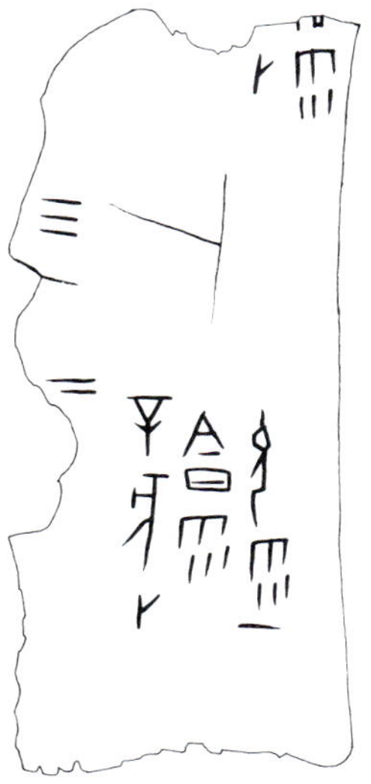

三四〇　辛亥卜今日雨允雨等事

本骨正面存辭二條。反面無字。

（一）辛亥卜：今日雨。允雨。　一　二

三

（二）☑卜☑□雨。

【備注】

組類：歷組

材質：牛肩胛骨

尺寸：長七・一、寬二・八厘米

著録：《京》三七六、《謝》五二〇、《合》三二九二三

來源：一九五七年三月十三日滬購

院藏號：新一六〇三三八

三四一　某日問遘某事

本骨正面存辭一條。反面無字。

（一）〼［遘］□〼

【備注】

組類：歷組

材質：牛肩胛骨

尺寸：長一・八、寬一・二厘米

著録：未見

來源：一九五七年三月十三日滬購

院藏號：新一六〇四三二

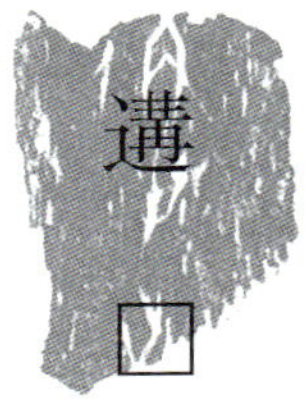

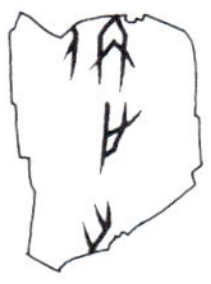

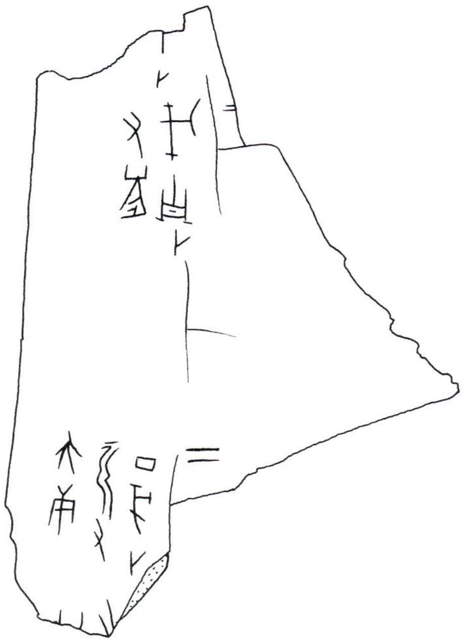

三四二　丁亥卜勿侑大庚與戊子卜有囚等事

本骨正面存辭四條。反面無字。

（一）☒［又（侑）］☒［牛］☒

（二）丁亥卜：弜（勿）又（侑）大庚。　二

（三）戊子卜：又（有）囚[一]。　二

（四）☒□卜☒

【簡釋】

［一］「囚」或比定作「禍」「咎」「憂」等字。

【備注】

組類：歷組

材質：牛肩胛骨

尺寸：長八·五、寬五·三厘米

著録：《京》三九九四、《謝》五三三、《合》三三四九〇

來源：一九五七年三月十三日滬購

院藏號：新一六〇一九五

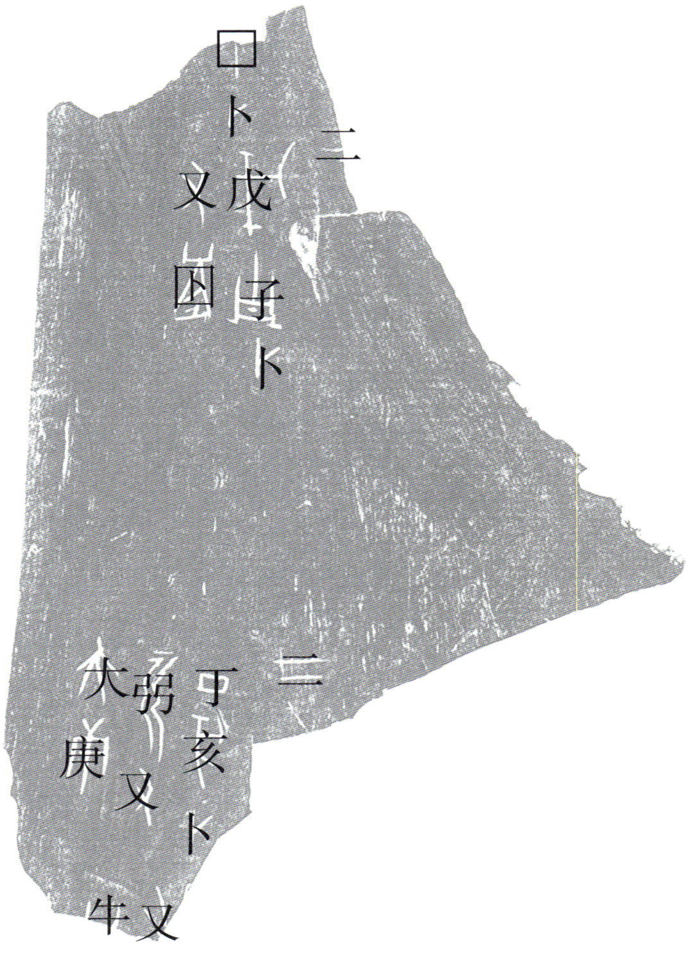
二
□卜戊子卜
叉囚
二
丁亥卜叉
弜叉
大庚牛

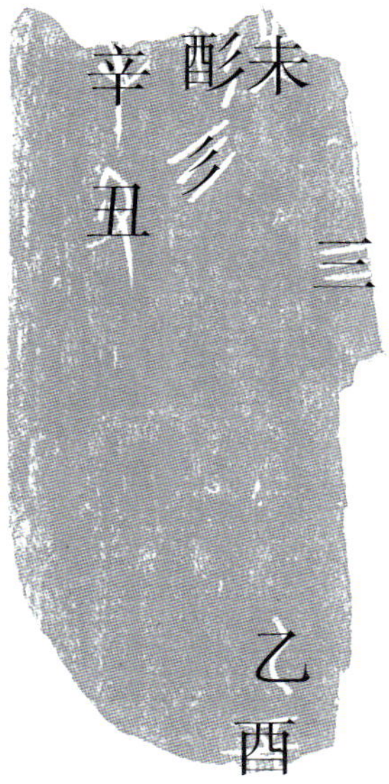

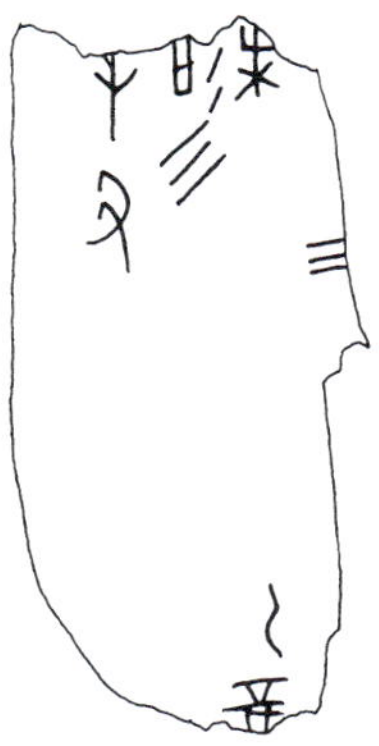

三四三　乙酉問某事與辛丑問酌彡等事

本骨正面存辭三條。反面無字。

（一）　乙［酉］☐

（二）　三

（三）　☐［未］☐［酌］彡☐［辛］丑。〔一〕

【簡釋】

〔一〕本骨可綴《合》三三三八五，綴合後釋文可補爲「乙未貞：酌彡乇，辛丑」。詳見周忠兵綴，《歷組卜辭新綴》第五組。

【備注】

組類：歷組

材質：牛肩胛骨

尺寸：長五・〇、寬一・九厘米

著録：《京》四二二二、《謝》四八〇、《合補》一〇六六〇

來源：一九五七年三月十三日滬購

院藏號：新一六〇三〇八

三四四　癸丑卜禘南與禘東等事

本骨正面存辭二條。反面無字。

（一）癸丑卜：帝（禘）［南］。

（二）癸丑卜：帝（禘）［東］。　二

【備注】

組類：歷組

材質：牛肩胛骨

尺寸：長七・一、寬一・四厘米

著録：《京》四三四九、《謝》一二三、《合》三四一四五

來源：一九五七年三月十三日滬購

院藏號：新一六〇三〇六

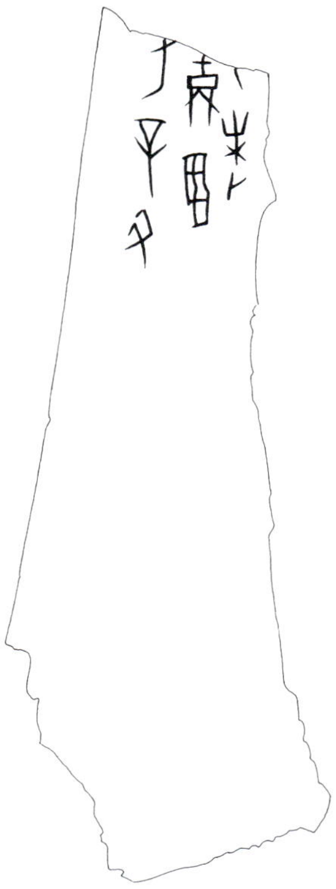

三四五　乙未卜盧翌乇辛丑事

本骨正面存辭一條。反面無字。

（一）［乙］未卜：［盧］翌［乇］，辛丑。

【備注】

組類：歷組

材質：牛肩胛骨

尺寸：長一〇・一、寬三・五厘米

著録：《謝》五二二

來源：一九五七年三月十三日滬購

院藏號：新一六〇三五一

乙未卜
盧翌
毛辛丑

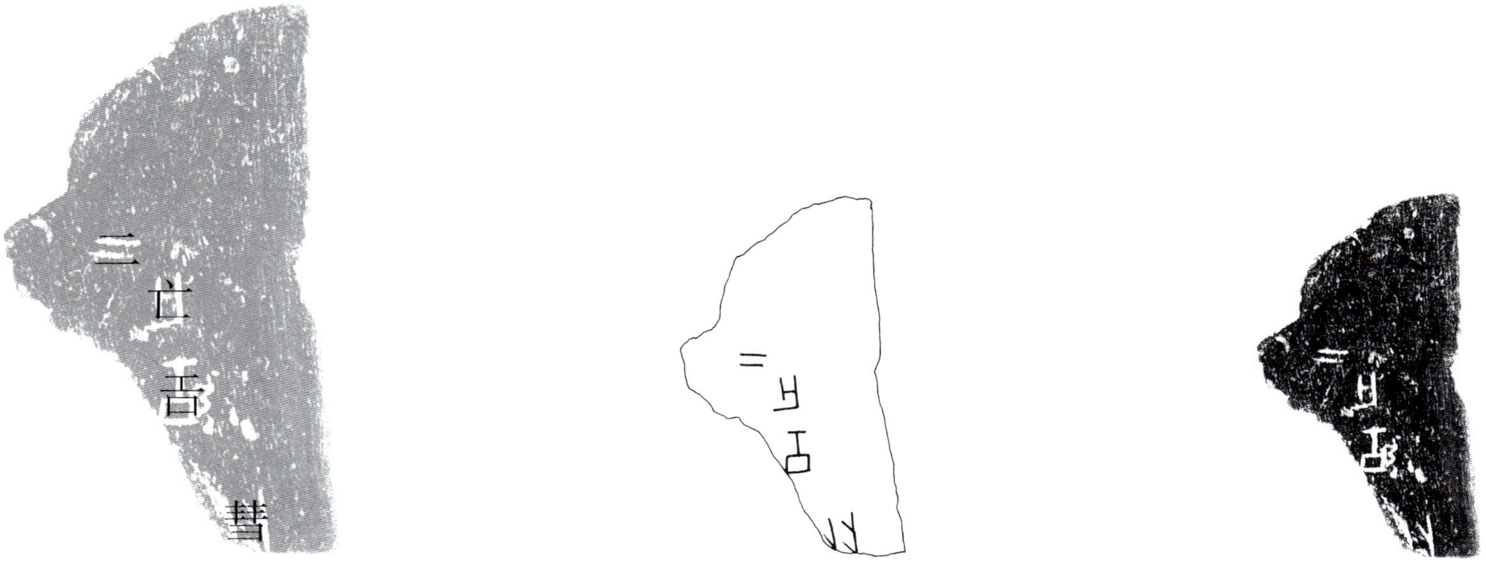

三四六　某日問彗與亡工等事

本骨正面存辭二條。反面無字。

（一）☐［彗］☐

（二）亡吾(工)。　二

【備注】

組類：歷組

材質：牛肩胛骨

尺寸：長五・一、寬二・五厘米

著録：《京》四八四四、《謝》四四九

來源：一九五七年三月十三日滬購

院藏號：新一六〇三七八

三四七　辛酉問入朿王曰防等事

本骨正面存辭二條。反面無字。

（一）辛酉☐入朿☐☐王口（曰）：「彷（防）」。

（二）☐［酉］卜☐戉〔一〕☐囚。

【簡釋】

〔一〕「戉」或比定作「或」。

【備注】

組類：歷組

材質：牛肩胛骨

尺寸：長四・一、寬二・二厘米

著録：《合》三二九六二

來源：一九五七年三月十三日滬購

院藏號：新一六〇三一二

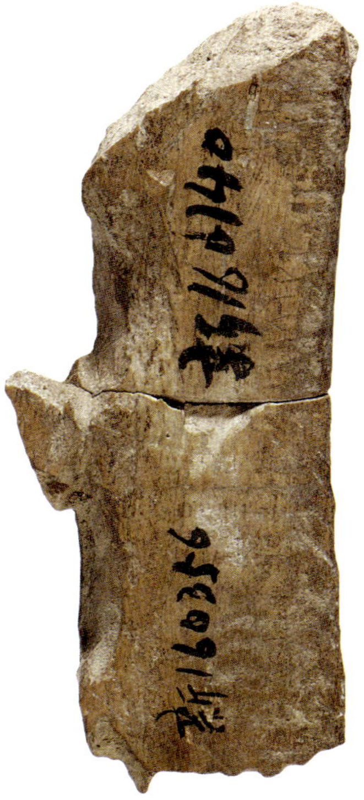

三四八　癸亥問有囚與癸卯卜不受禾等事

本骨正面存辭三條。反面無字。

（一）癸☐貞☐又（有）☐

（二）癸亥：又（有）囚[一]。　一

（三）癸卯卜：不受禾。[二]

【簡釋】

[一]「囚」或比定作「禍」「咎」「憂」等字。

[二]本版由新一六〇一四〇與新一六〇三五六綴合。詳見周忠兵綴，《歷組新綴二例》第一例。

【備注】

組類：歷組

材質：牛肩胛骨

尺寸：長五·八、寬四·〇厘米

著録：〔上半〕《京》四九〇〇、《謝》四一六、《合補》一〇四〇五；〔下半〕《京》四七四〇、《謝》四四五、《合》三三七四二

來源：一九五七年三月十三日滬購

院藏號：新一六〇一四〇+新一六〇三五六

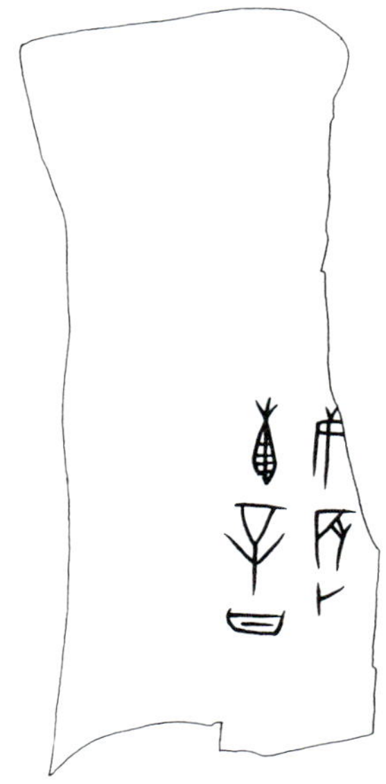

三四九　庚辰卜叀辛日事

本骨正面存辭一條。反面無字。

（一）［庚］辰卜：叀辛日。

【備注】

組類：歷組

材質：牛肩胛骨

尺寸：長七・六、寬三・〇厘米

著録：《京》四三一一、《合》三三七一五

來源：一九五七年三月十三日滬購

院藏號：新一六〇三三九

庚辰卜
叀辛日

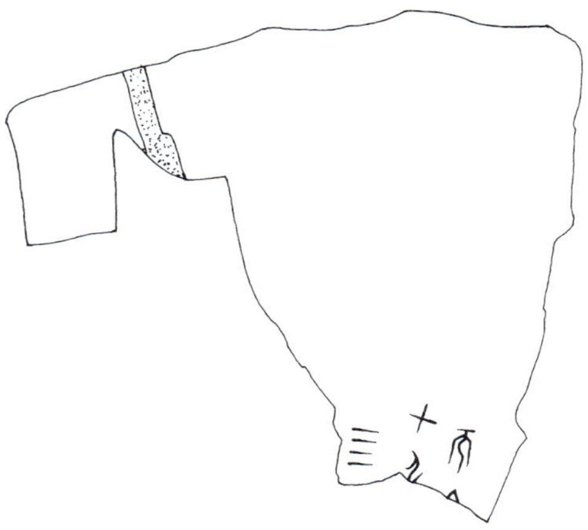

三五〇　甲申問不白事

本骨正面存辭一條。反面無字。

（一）甲［申］☐不［白］。　三（四）［一］

【簡釋】

［一］本骨可綴《合》三四四九四，綴合後釋文可補爲「甲申卜：不白。三（四）」。詳見莫伯峰綴，《拼集》第二〇〇則。

【備注】

組類：歷組

材質：牛肩胛骨

尺寸：長五・七、寬三・八厘米

著録：《合補》一〇五五八

來源：一九五七年三月十三日滬購

院藏號：新一六〇二〇二

不白
甲申
三

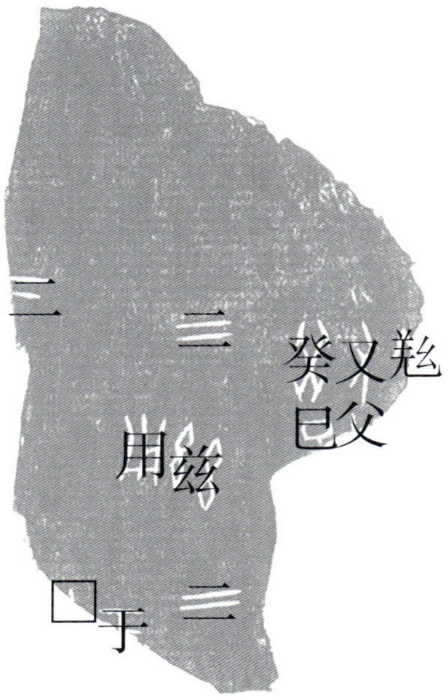

三五一　癸巳問侑父某羌茲用等事

本骨正面存辭四條。反面無字。

（一）二

（二）癸［巳］〼又（侑）［父］〼［羖（羌）］

〼茲用。二

（三）〼□〼［于］〼

（四）二[一]

【簡釋】

［一］本骨字口填墨。另，本骨可綴《合》三三〇二一，綴合後第三條卜辭釋文可補爲「癸巳卜：又（侑）父丁［羖（羌）］卅。茲用。二」。詳見周忠兵綴，《歷組卜辭新綴一例》。

【備注】

組類：歷組

材質：牛肩胛骨

尺寸：長五・四、寬三・二厘米

著録：《謝》一八九、《合補》一〇二九八

來源：一九五七年三月十三日滬購

院藏號：新一六〇二八一

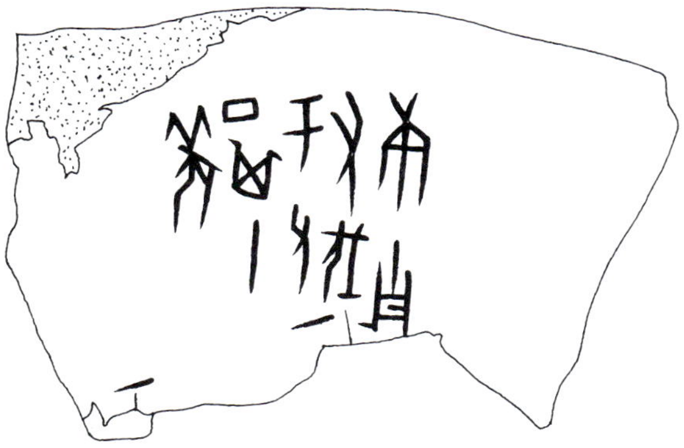

三五一一　庚子問侑伐于父丁其十羌等事

本骨正面存辭二條。反面無字。

（一）庚子：又(侑)伐于父丁其十羗(羌)。　一

（二）　一

【備注】

組類：歷組

材質：牛肩胛骨

尺寸：長五・〇、寬三・九厘米

著録：《京》四〇六九、《謝》四六六、《合》三三〇七一

來源：一九五七年三月十三日滬購

院藏號：新一六〇一九六

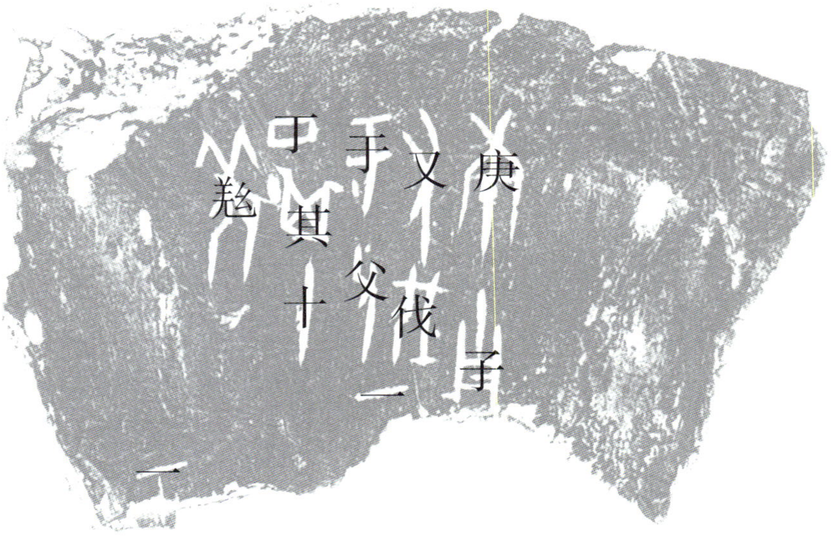
庚子
又伐
一
于父
丁其十
羌
一

三五三　某日卜于丁事

本骨正面存辭一條。反面無字。

（一）〼□卜〼于〼丁。

【備注】

組類：歷組

材質：牛肩胛骨

尺寸：長四・六、寬一・八厘米

著録：《京》四一〇六、《謝》三九八、《合補》一九〇

來源：一九五七年三月十三日滬購

院藏號：新一六〇二六五

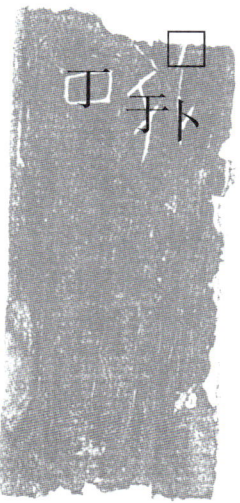

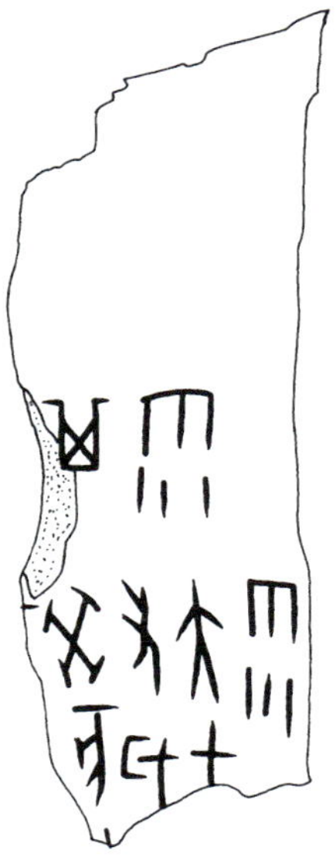

三五四　癸亥卜侑歲大甲雨等事

本骨正面存辭二條。反面無字。

（一）癸亥[卜]：又（侑）歲☐大甲☐雨。

［一］

（二）其雨。

【備注】

組類：歷組

材質：牛肩胛骨

尺寸：長七・四、寬二・四厘米

著録：《京》三八二三、《謝》五一七、《合》三三四七〇（不全）

來源：一九五七年三月十三日滬購

院藏號：新一六〇三四六

雨
其
雨
大甲
又歲卜
癸亥
一

三五五　辛酉貞癸亥侑父丁歲五宰不用事

本骨正面存辭一條。反面無字。

（一）辛酉貞：癸亥又（侑）父丁歲五［宰］。
不［用］。一

【備注】

組類：歷組

材質：牛肩胛骨

尺寸：長五・八、寬四・三厘米

著録：《京》四〇六八、《謝》四八九、《合》
三二六六五

來源：一九五七年三月十三日滬購

院藏號：新一六〇二〇三

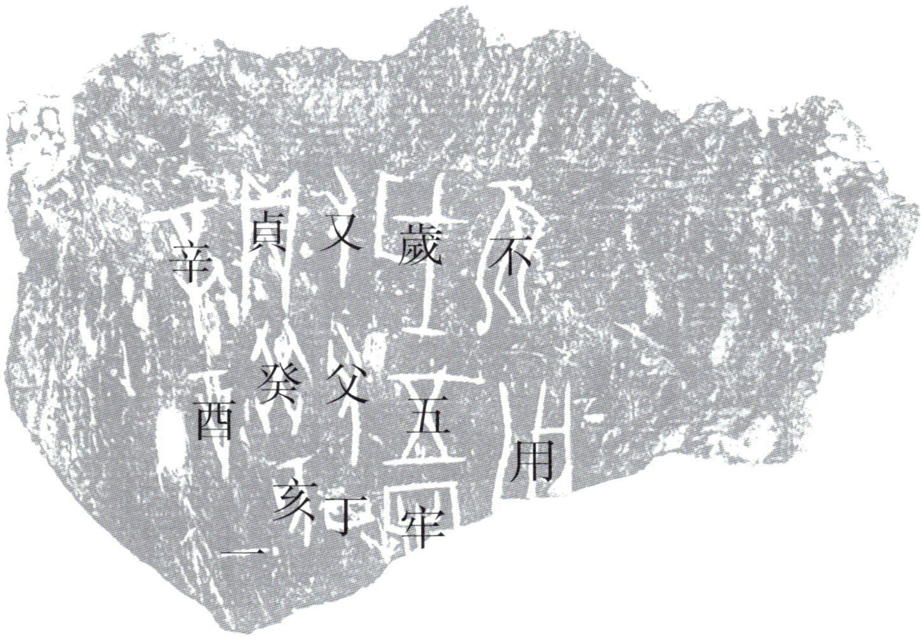
不
用
歲
五
牢
又
父
丁
貞
癸
亥
辛
酉
一

三五六　庚申問侑庚與辛酉貞癸亥侑父丁歲五牢不用等事

本骨正面存辭二條。反面無字。

（一）庚申☐又（侑）☐庚☐［辛］☐　三

（二）辛酉貞：癸亥又（侑）父丁歲五牢。不用。〔一〕

【簡釋】

〔一〕本骨字口填墨。

【備注】

組類：歷組

材質：牛肩胛骨

尺寸：長九・〇、寬六・一厘米

著録：《京》四〇六七、《謝》四一九、《合》三二六六七

來源：一九五七年三月十三日滬購

院藏號：新一六〇三四九

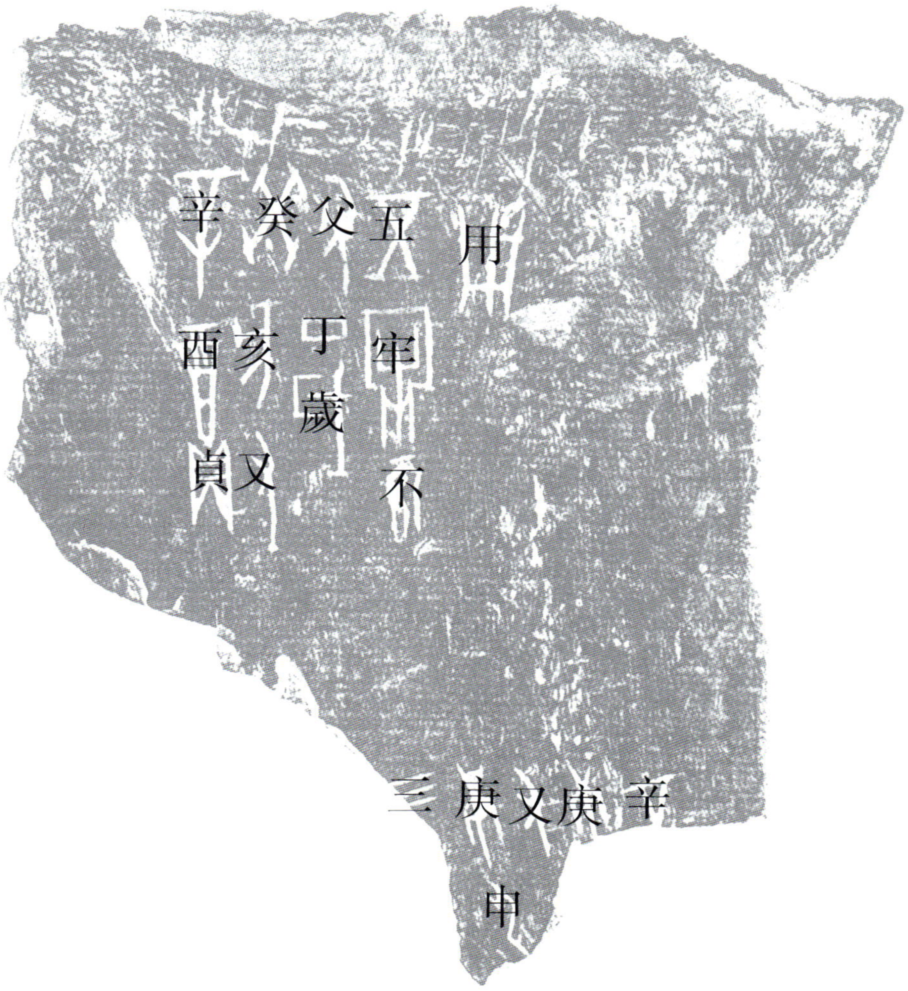
用
五牢不
父丁歲
癸亥又
辛酉貞
辛
庚
又
庚
中
三

三五七　某日問乆歲于祖乙十宰事

本骨正面存辭一條。反面無字。

（一）☑□乆〔一〕歲于「且（祖）乙」〔二〕「十宰」。〔三〕

【簡釋】

〔一〕「乆」或比定作「升」字。

〔二〕「且乙」爲合文。

〔三〕本骨可綴《合》三三六一一，綴後即《合補》一〇四四五，詳見許進雄綴，《綴彙》第一五組。

【備注】

組類：歷組

材質：牛肩胛骨

尺寸：長七・七、寬四・七厘米

著録：《京》四〇〇四、《謝》四六九、《合》三二五一六、《合補》一〇四四五下半

來源：一九五七年三月十三日滬購

院藏號：新一六〇〇〇八

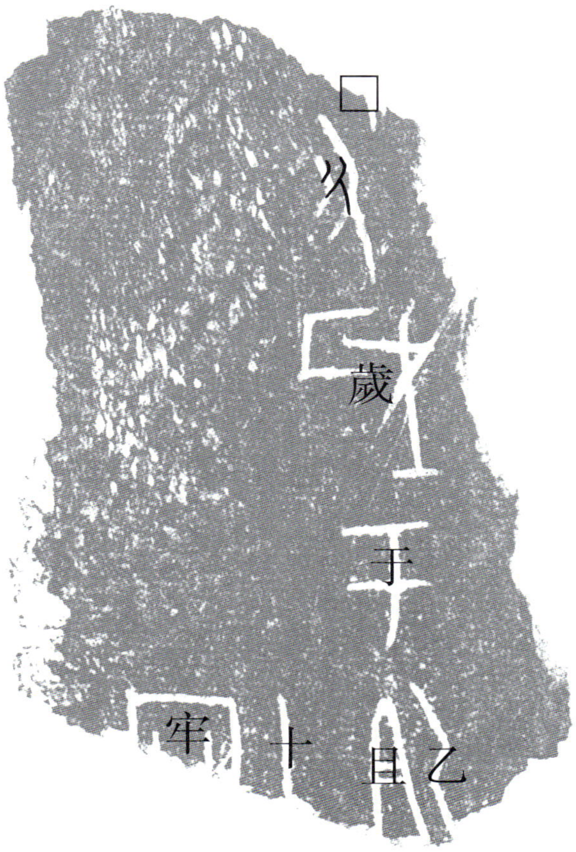
□
夂
歲
于
乙
且
十
牢

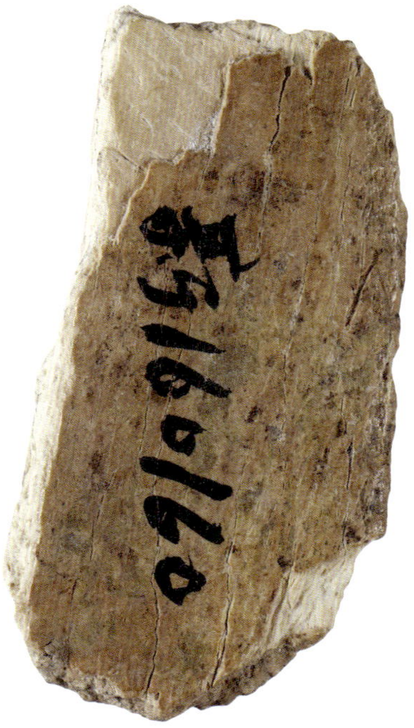

三五八　某日問彫事

本骨正面存辭一條。反面無字。

（一）☐彫。［兹］☐

【備注】

組類：歷組

材質：牛肩胛骨

尺寸：長二・九、寬一・五厘米

著録：《謝》二九九

來源：一九五七年三月十三日滬購

院藏號：新一六〇一六〇

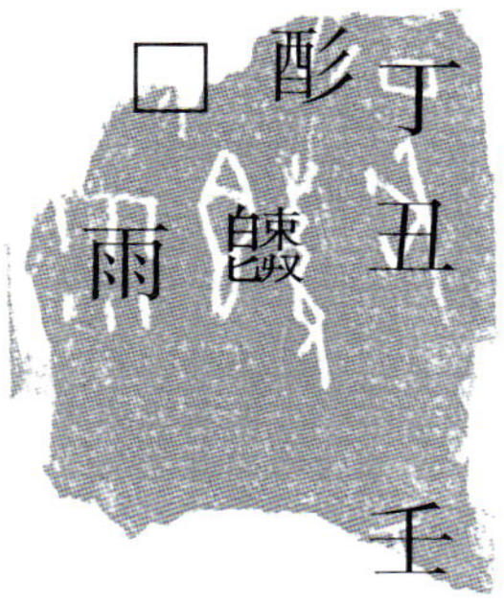

三五九　某日問丁丑⿰酉彡餗雨等事

本骨正面存辭二條。反面無字。

（一）［壬］☐

（二）☐丁丑☐［⿰酉彡］⿰皀⿱束殳（餗）☐□雨。

【備注】

組類：歷組

材質：牛肩胛骨

尺寸：長二・八、寬一・八厘米

著録：《京》四二二一、《謝》三九一、《合》三四五七〇

來源：一九五七年三月十三日滬購

院藏號：新一六〇〇三九

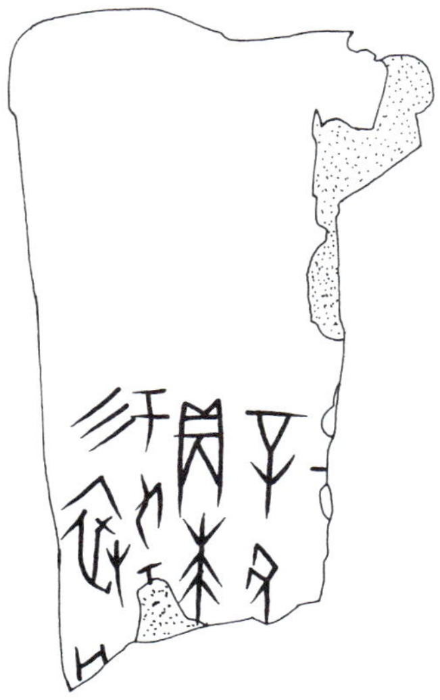

三六〇　辛丑貞禱于河于彡卒亡某事

本骨正面存辭一條。反面無字。

（一）辛丑貞：桒（禱）于河，［于］彡律（卒），［亡］☐　［一］

【備注】

組類：歷組

材質：牛肩胛骨

尺寸：長七・一、寬三・八厘米

著録：《京》三九四二、《謝》五一八、《合》三四二三八

來源：一九五七年三月十三日滬購

院藏號：新一六〇五一二

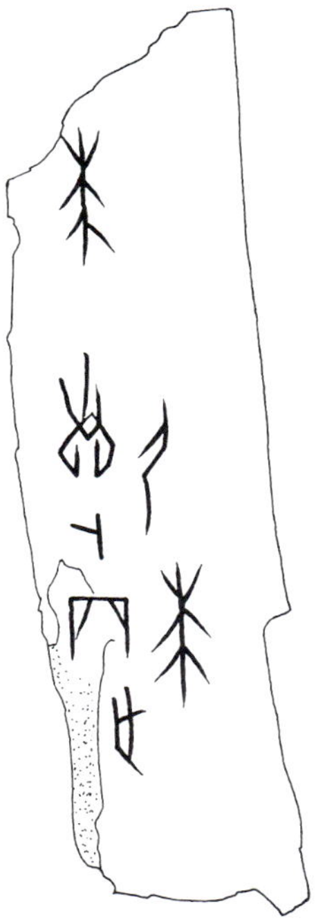

三六一　某日問自外丙延尸禱等事

本骨正面存辭二條。反面無字。

（一）自卜（外）丙，［征（延）］尸桒（禱）。

（二）☐桒（禱）。

【備注】

組類：歷組

材質：牛肩胛骨

尺寸：長九·一、寬二·〇厘米

著録：《京》四二四七、《謝》五二一、《合》三四三七九

來源：一九五七年三月十三日滬購

院藏號：新一六〇五二一

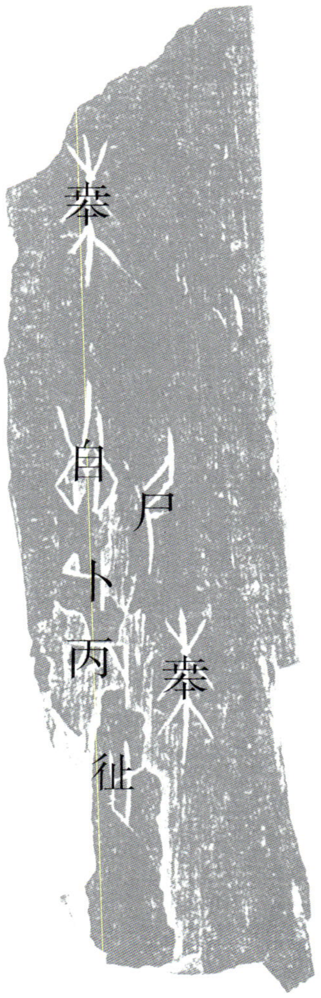
𠦪
自
尸
卜
丙
𠦪
𢓊

三六二　**某日問告于父某事**

本骨正面存辭一條。反面無字。

（一）☐□告于父☐

【備注】

組類：歷組

材質：牛肩胛骨

尺寸：長五・二、寬二・二厘米

著録：《京》四一一二、《謝》四五三、《合補》三一〇

來源：一九五七年三月十三日滬購

院藏號：新一六〇二七八

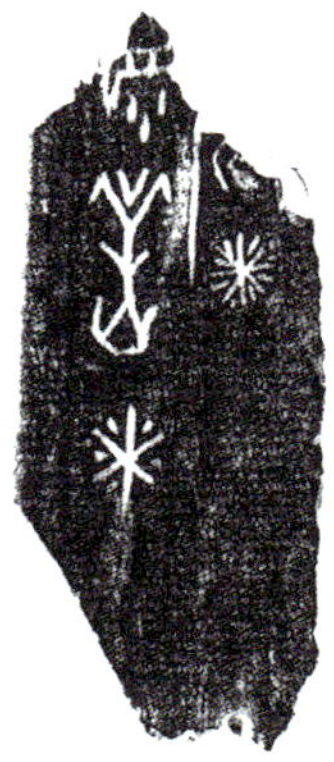
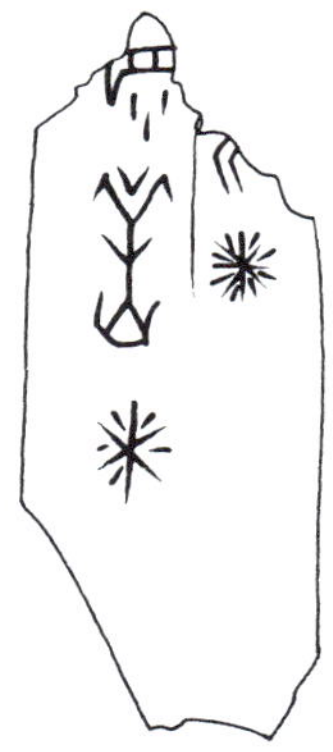

三六三　某日問燎岳等事

本骨正面存辭二條，有界劃綫。反面無字。

（一）〼罙岳尞（燎）。

（二）［弜（勿）］尞（燎）。

【備注】

組類：歷組

材質：牛肩胛骨

尺寸：長五・一、寬一・七厘米

著録：《京》三九三八、《謝》四七九、《合》三四二一〇

來源：一九五七年三月十三日滬購

院藏號：新一六〇〇一七

三六四　某日問舌卅羌與五十羌事

本骨正面存辭二條。反面無字。

（一）舌卅鮝（羌）。

（二）［五十〔一〕鮝（羌）］。

【簡釋】

〔一〕「五十」爲合文。

【備注】

組類：歷組

材質：牛肩胛骨

尺寸：長四・六、寬一・七厘米

著録：《京》四一三一、《謝》三九九、《合》三二〇四七

來源：一九五七年三月十三日滬購

院藏號：新一六〇三〇二

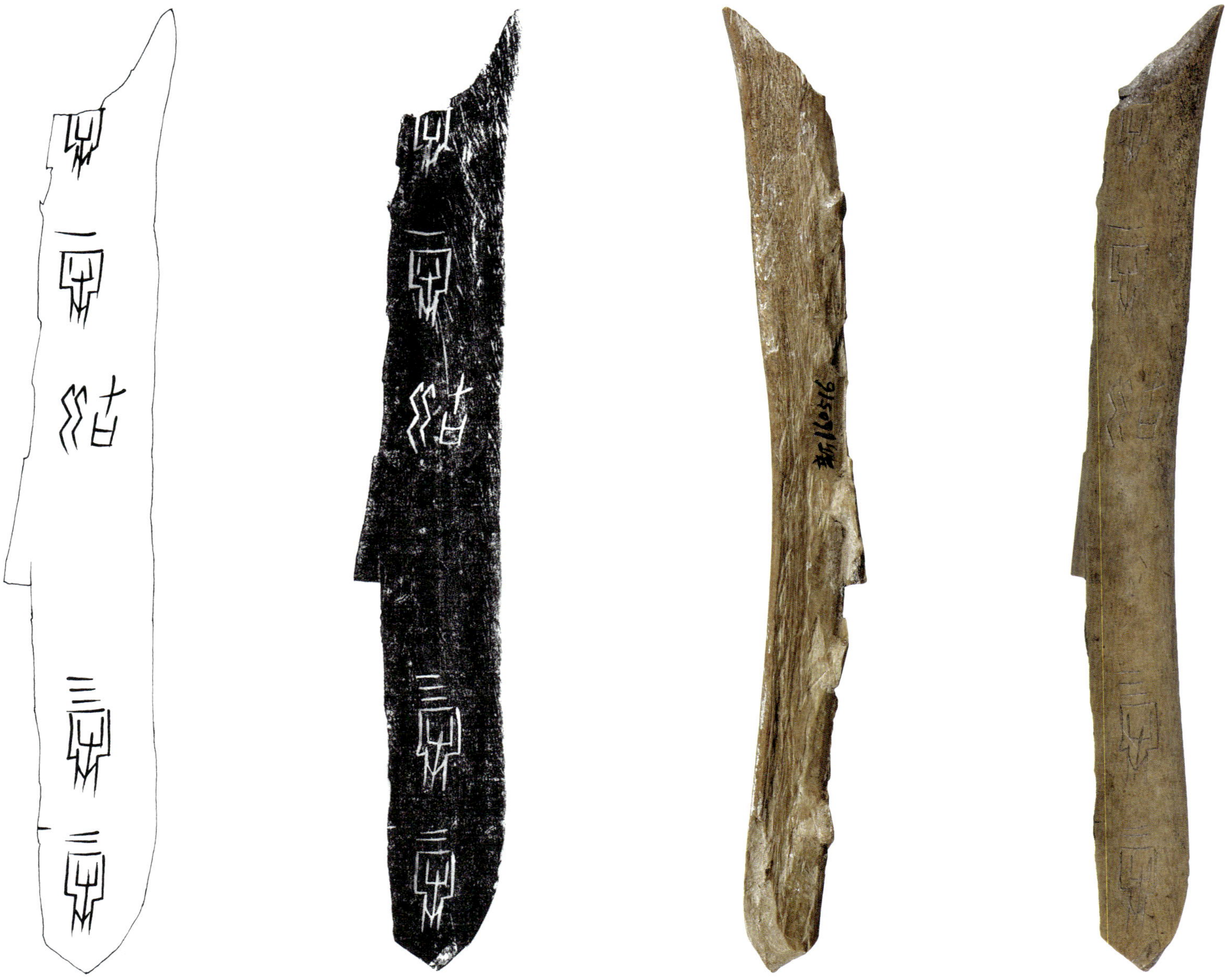

三六五　某日問二牢三牢一牢與勿舌等事

本骨正面存辭五條。反面無字。

（一）二牢。一

（二）三牢。

（三）弜（勿）舌。

（四）一牢。

（五）☐牢。

【備注】

組類：歷組

材質：牛肩胛骨

尺寸：長一六・〇、寬一・五厘米

著録：《京》四一六〇、《謝》四八五、《合》三四六四七

來源：一九五七年三月十三日滬購

院藏號：新一六〇五一六

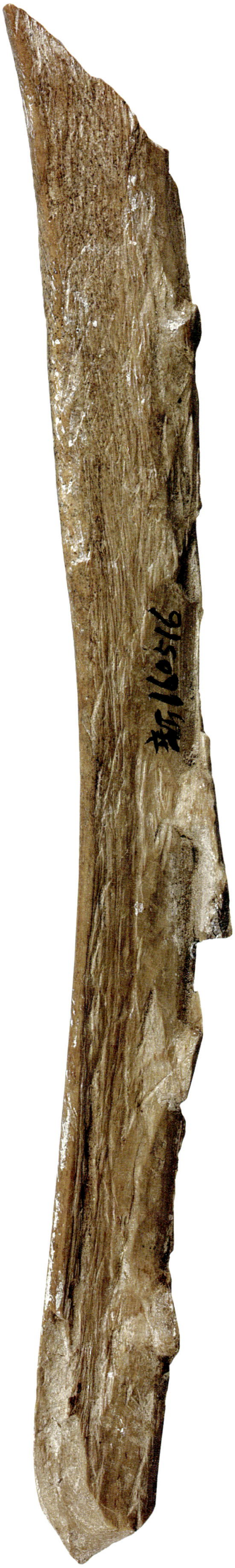

牢
一
牢
舌
另
三
牢
一
三
牢

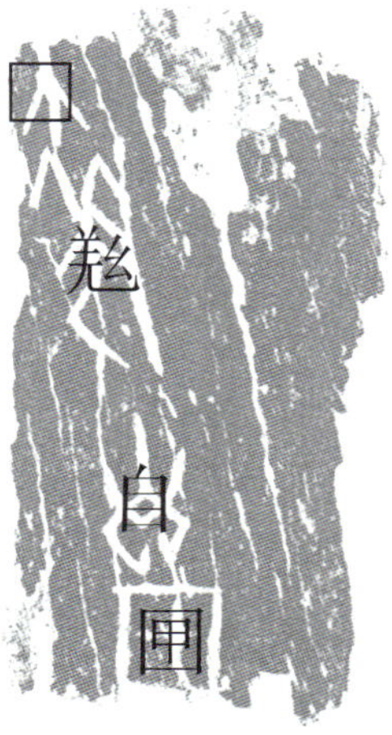

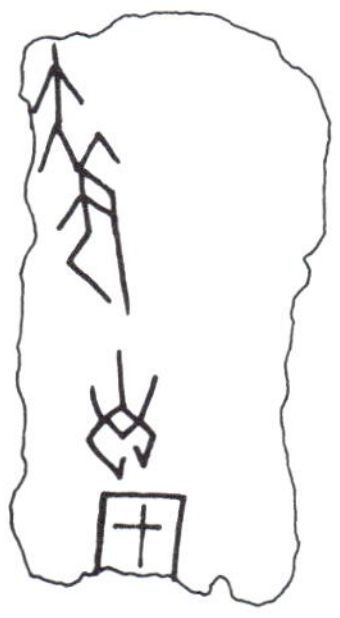

三六六　某日問羌自上甲事

本骨正面存辭一條。反面無字。

（一）　☐☐羗（羌）自囲（上甲）〔一〕☐

【簡釋】

〔一〕「囲」爲「上甲」合文。

【備注】

組類：歷組

材質：牛肩胛骨

尺寸：長四・一、寬二・〇厘米

著録：《京》三九六八、《謝》三二四、《合》三二〇一六

來源：一九五七年三月十三日滬購

院藏號：新一六〇三〇一

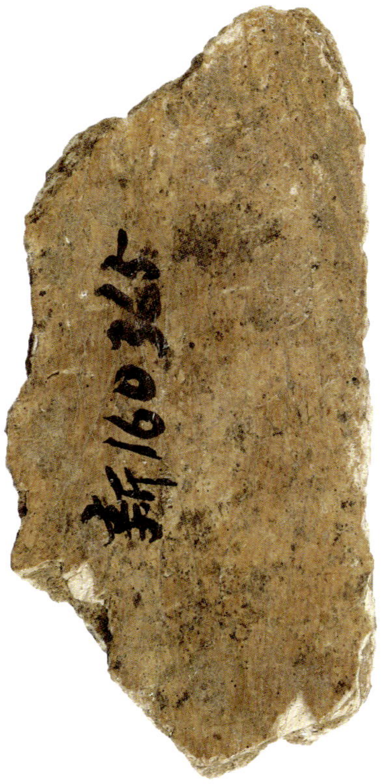

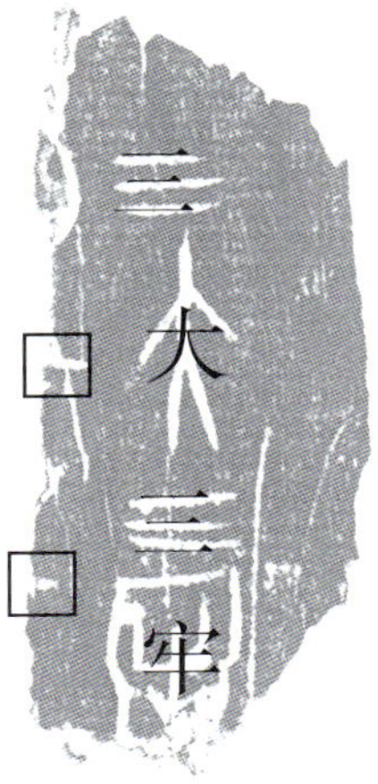

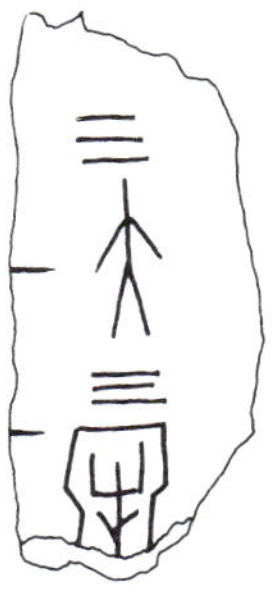

三六七　某日問大三牢等事

本骨正面存辭二條。反面無字。

（一）☐三，大三牢☐

（二）☐☐☐☐〔一〕

【簡釋】

〔一〕《合集來源表》誤記本骨藏于「清華大學」（上册，第八六〇頁）。

【備注】

組類：歷組

材質：牛肩胛骨

尺寸：長四・〇、寬一・八厘米

著録：《京》四一六四、《謝》三三九、《合》三三六三八

來源：一九五七年三月十三日滬購

院藏號：新一六〇三六五

三六八　某日問三牢事

本骨正面存辭一條。反面無字。

（一）三牢。

【備注】

組類：歷組

材質：牛肩胛骨

尺寸：長六・〇、寬一・九厘米

著録：《京》四一六六、《謝》四六三、《合》三三六四四

來源：一九五七年三月十三日滬購

院藏號：新一六〇五〇三

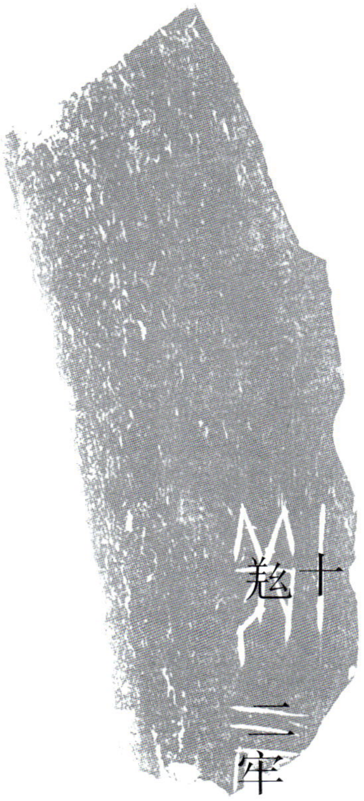

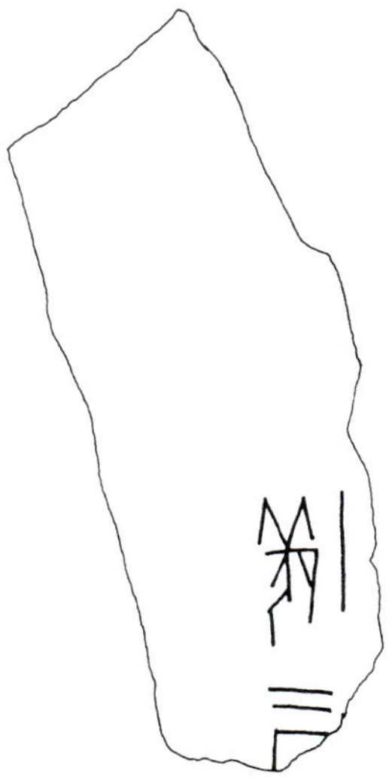

三六九　某日問二牢與十羌等事

本骨正面存辭二條。反面無字。

（一）二［牢］。

（二）十羗(羌)。

【備注】

組類：歷組

材質：牛肩胛骨

尺寸：長七・〇、寬二・〇厘米

著録：《京》四一三〇、《謝》五一二、《合》三二〇七八

來源：一九五七年三月十三日滬購

院藏號：新一六〇三七六

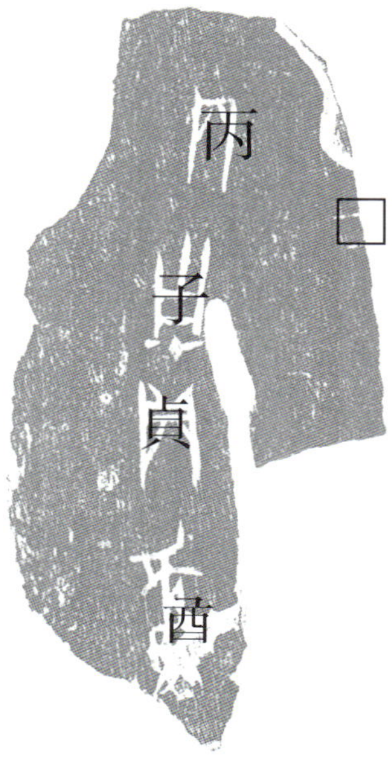

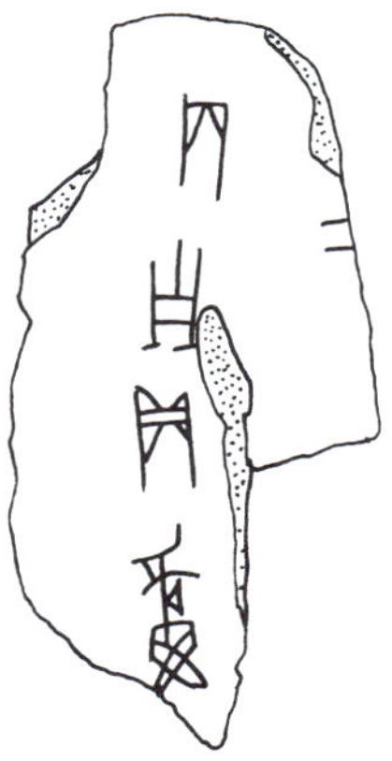

三七〇　丙子貞瓚等事

本骨正面存辭二條。反面無字。

（一）丙子貞：酉（瓚）〔一〕☐

（二）☐☐☐

【簡釋】

〔一〕「[glyph]」爲新見字形。

【備注】

組類：歷組

材質：牛肩胛骨

尺寸：長五・四、寬二一・七厘米

著録：《京》四二三九、《謝》一三、《合》三四六〇七

來源：一九五七年三月十三日滬購

院藏號：新一六〇〇七九

三七一　某日問有囚與不啓等事

本骨正面存辭二條。反面無字。

（一）又(有)囚[一]。

（二）[不啓]。

【簡釋】

[一]「囚」或比定作「禍」「咎」「憂」等字。

【備注】

組類：歷組

材質：牛肩胛骨

尺寸：長三・二、寬一・七厘米

著録：《謝》一六九

來源：一九五七年三月十三日滬購

院藏號：新一六〇二一九九

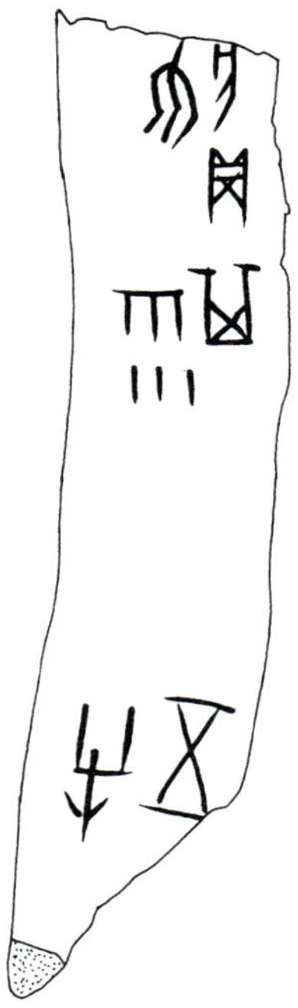

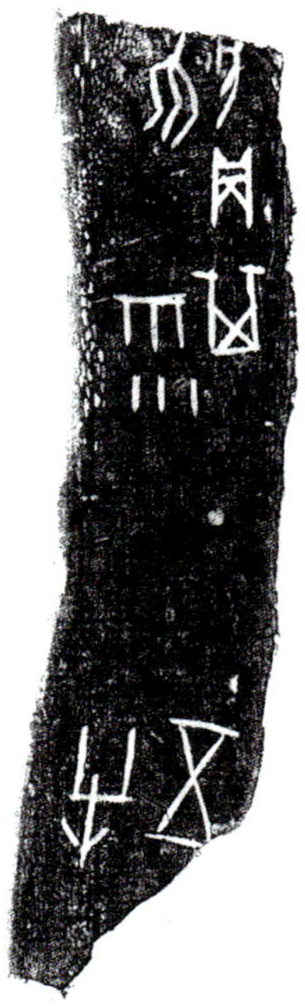

三七二　某日問五牛與其雨等事

本骨正面存辭三條。反面無字。

（一）五牛。

（二）其雨。

（三）☐亥貞☐［不］☐

【簡釋】

（一）本骨可綴《合》三四六三〇，詳見莫伯峰綴，《拼集》第二一〇則。

【備注】

組類：歷組

材質：牛肩胛骨

尺寸：長八·八、寬一·七厘米

著録：《京》三八二二、《謝》五三六、《合》三三七七〇

來源：一九五七年三月十三日滬購

院藏號：新一六〇五〇八

亥
貞
其
五
不
雨
牛

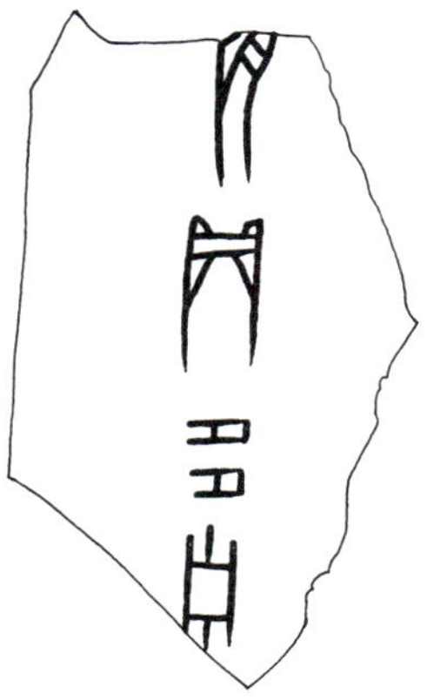

三七三　辰日貞多亡事

本骨正面存辭一條。反面無字。

（一）☐［辰］貞：多亡〔一〕☐

【簡釋】

〔一〕「亡」或比定作「貫」字。

【備注】

組類：歷組

材質：牛肩胛骨

尺寸：長五・四、寬二・九厘米

著録：《京》四七七二、《謝》四八一、《合》三三九二八

來源：一九五七年三月十三日滬購

院藏號：新一六〇二一五

三七四　寅日矢乞則⿵冂乂骨面刻辭

本骨正面存辭一條。反面無字。

（一）〼寅矢乞則［⿵冂乂］〔一〕〼

【簡釋】

〔一〕「⿵冂乂」或比定作「冎」「肩」等字。

【備注】

組類：歷組

材質：牛肩胛骨

尺寸：長七・〇、寬四・一厘米

著録：《京》四七九六、《謝》五、《合》三五一六八

來源：一九五七年三月十三日滬購

院藏號：新一六〇五一五

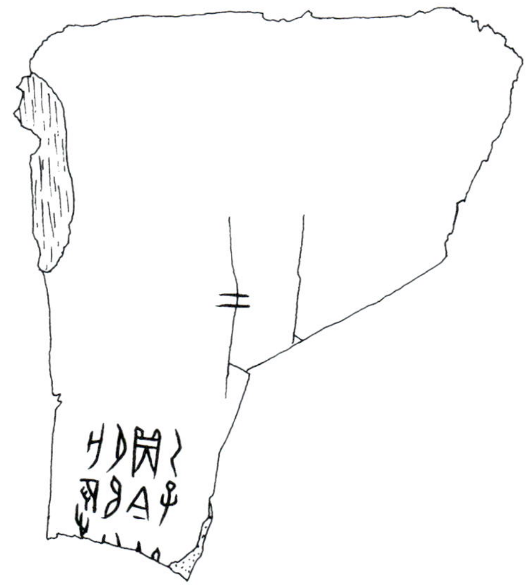

三七五　乙巳貞今夕師亡震等事

本骨正面存辭二條。反面無字。

（一）☐［貞］☐［亡］☐

（二）乙巳貞：今夕𠂤（師）亡屒（震）。

二［一］

【簡釋】

［一］本骨可綴《上博》四六四八〇，綴合後釋文可補爲「甲辰貞：今夕𠂤（師）亡屒（震）」。詳見周忠兵綴，《甲骨新綴十一例》第十一例。

【備注】

組類：歷組

材質：牛肩胛骨

尺寸：長七・一、寬五・三厘米

著録：《京》四四〇六、《謝》五三一、《合》三四七二一

來源：一九五七年三月十三日滬購

院藏號：新一六〇二〇〇

二
乙巳
貞今貞
夕𠂤亡
亡𡆥

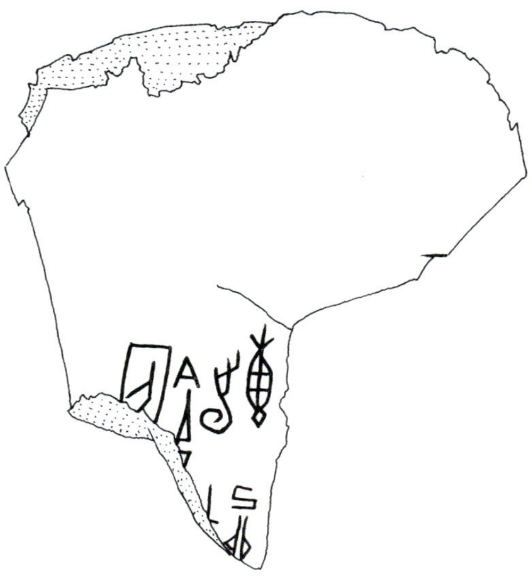

三七六　某日問叀疋令𡆥等事

本骨正面存辭三條。反面無字。

（一）己卯☐☐☐

（二）叀疋令［𡆥］〔一〕。

（三）一

【簡釋】

〔一〕「𡆥」或比定作「殟」「殞」等字。

【備注】

組類：歷組

材質：牛肩胛骨

尺寸：長六・九、寬五・六厘米

著録：《京》四七八二、《謝》四二三、《合》三三九一〇

來源：一九五七年三月十三日滬購

院藏號：新一六〇一九七

一
叀
己卯
疋
□
令
冓

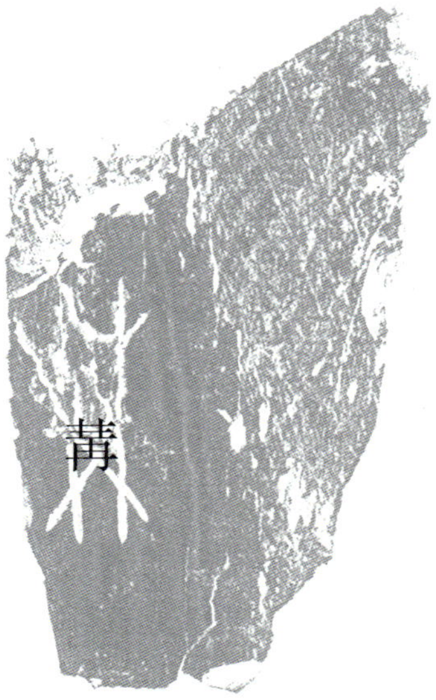

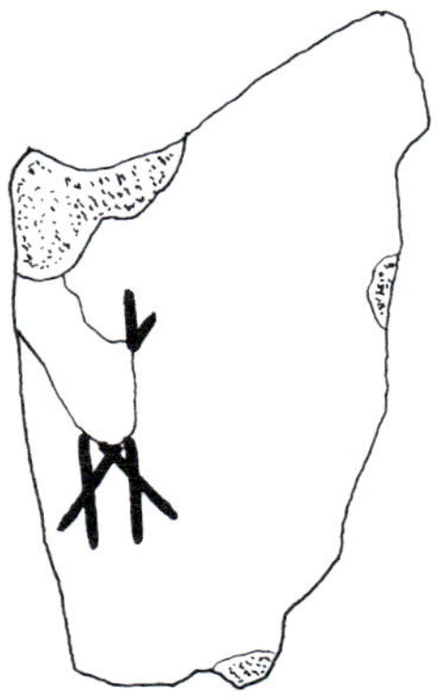

三七七　某日問苒事

本骨正面存辭一條。反面無字。

（一）　☐苒☐

【備注】

組類：歷組

材質：牛肩胛骨

尺寸：長五・〇、寬二・八厘米

著録：《謝》三八五

來源：一九五七年三月十三日滬購

院藏號：新一六〇二四七

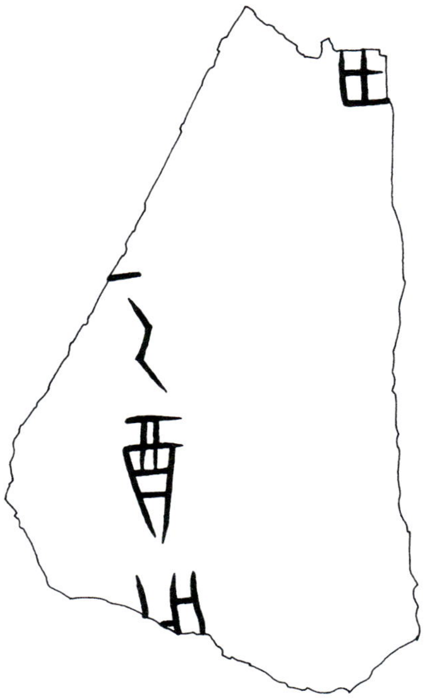

三七八　某日問乙酉用與上甲等事

本骨正面存辭二條。反面無字。

（一）☑☐乙酉［用］☑

（二）☑［匣（上甲）］〔二〕☑

【簡釋】

〔一〕「匣」爲「上甲」合文。

【備注】

組類：歷組

材質：牛肩胛骨

尺寸：長八・八、寬四・九厘米

著録：《京》四三二一、《謝》九、《合補》一〇四二五

來源：一九五七年三月十三日滬購

院藏號：新一六〇四九八

新160498

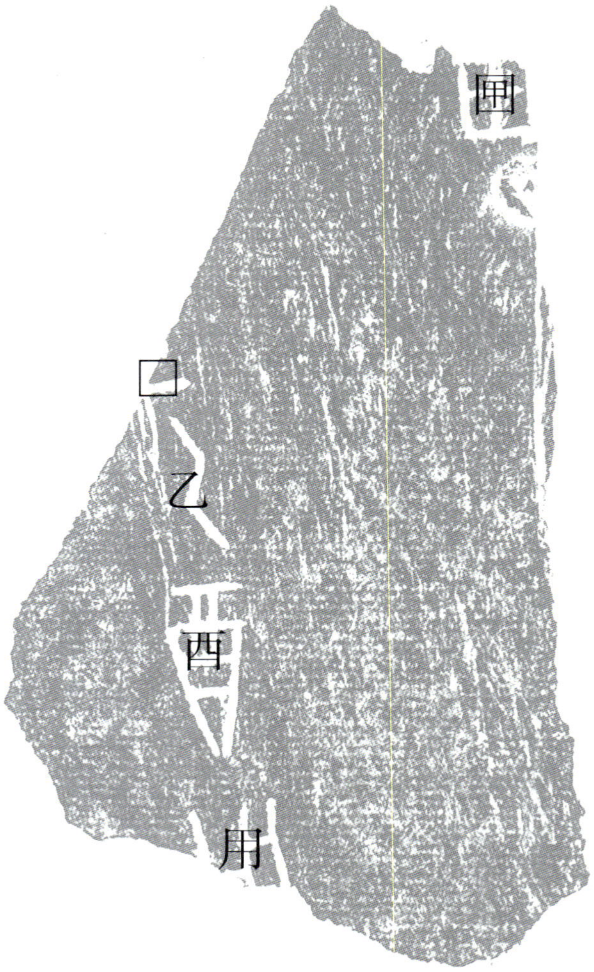
囲
□
乙
酉
用

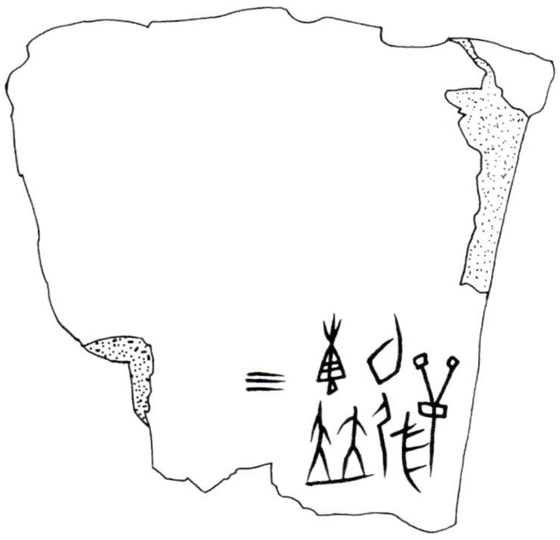

三七九　某日問竝以人狩事

本骨正面存辭一條。反面無字。

（一）叀竝㠯（以）人獸（狩）。三

【備注】

組類：歷組

材質：牛肩胛骨

尺寸：長六・一、寬四・九厘米

著録：《京》四四一六、《謝》四九〇、《合》三三二二七〇

來源：一九五七年三月十三日滬購

院藏號：新一六〇五一〇

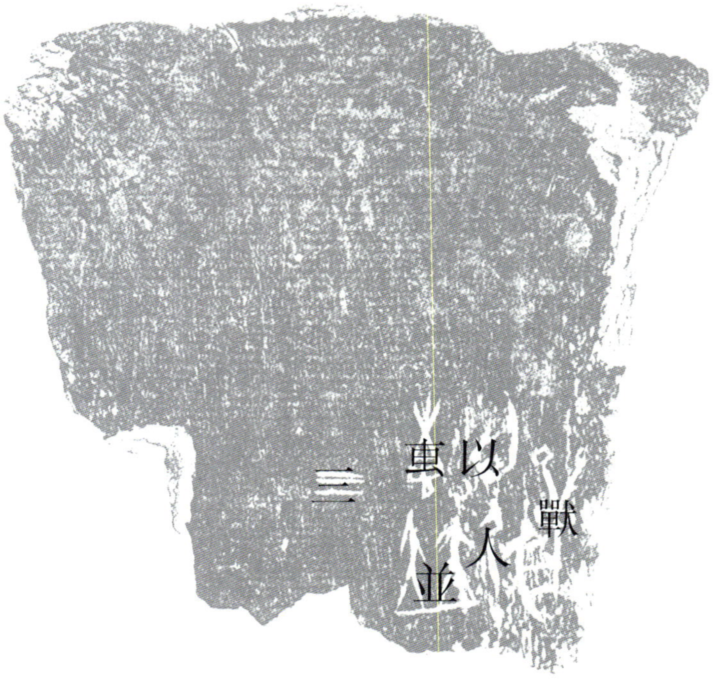
三
叀
並
以
人
獸

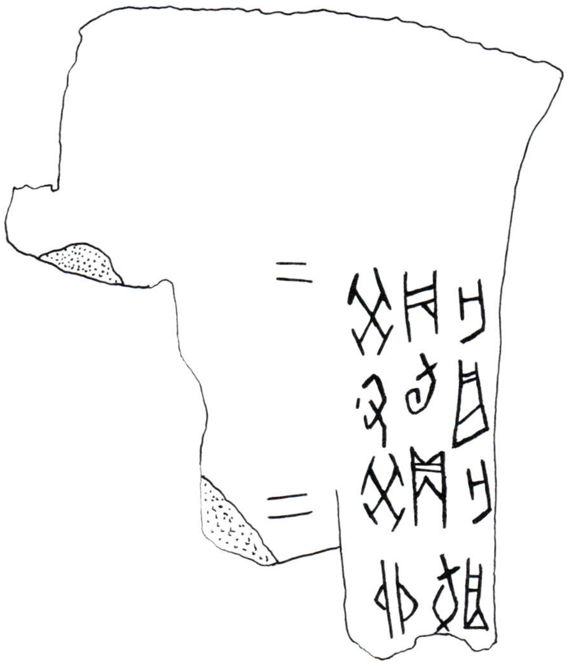

三八〇　癸卯癸丑等日貞旬亡囚事

本骨正面存辭二條。反面無字。

（一）癸卯貞：旬亡囚〔一〕。二

（二）癸丑貞：旬亡囚。二

【簡釋】

〔一〕「囚」或比定作「禍」「咎」「憂」等字。下同。

【備注】

組類：歷組

材質：牛肩胛骨

尺寸：長八·九、寬六·二厘米

著録：《京》四六九〇、《謝》五二九、《合》三四九五〇

來源：一九五七年三月十三日滬購

院藏號：新一六〇三三七

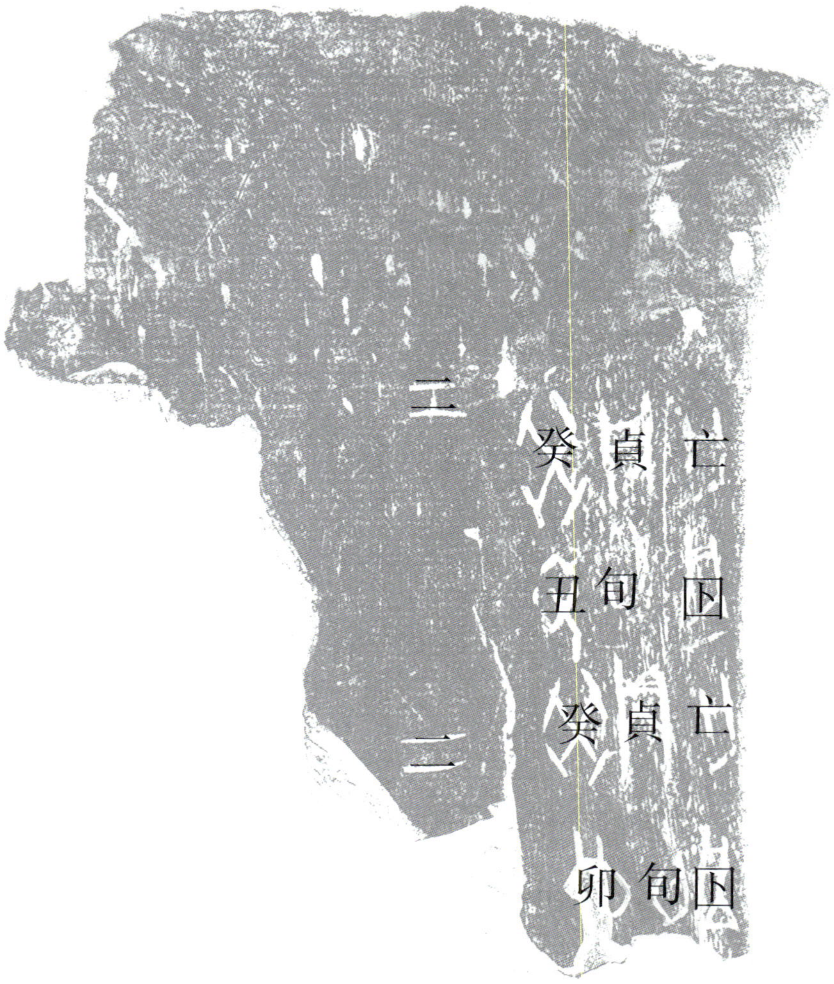
亡𡆥亡𡆥
貞旬貞旬
癸丑癸卯
二二

三八一　癸丑等日貞旬亡𡆥事

本骨正面存辭二條。反面無字。

（一）癸丑貞：旬亡𡆥[一]。　三

（二）☐[貞]：旬☐𡆥。

【簡釋】

[一]「𡆥」或比定作「禍」「咎」「憂」等字。下同。

【備注】

組類：歷組

材質：牛肩胛骨

尺寸：長五・八、寬三・一厘米

著録：《京》四六九七、《謝》四五一、《合》三五〇〇四

來源：一九五七年三月十三日滬購

院藏號：新一六〇二八六

三八二　癸巳癸卯等日貞旬亡囚事

本骨正面存辭二條。反面無字。

（一）癸巳貞：旬亡囚〔一〕。

（二）癸卯貞：旬亡囚。

【簡釋】

〔一〕「囚」或比定作「禍」「咎」「憂」等字。下同。

【備注】

組類：歷組

材質：牛肩胛骨

尺寸：長四・二七、寬一・七七厘米

著録：〔左半〕《京》四七〇七、《謝》一二九；〔右半〕《京》四七〇六、《謝》一三〇；〔全〕《合補》一〇七四六

來源：一九五七年三月十三日滬購

院藏號：新一六〇〇九〇＋新一六〇一〇六

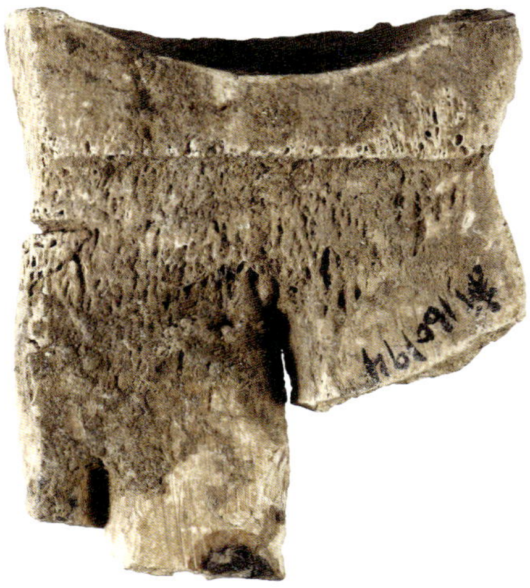

三八三　癸亥貞旬亡𡆥等事

本骨正面存辭二條。反面無字。

（一）癸亥貞：旬亡［𡆥］〔一〕。　三

（二）　三

【簡釋】

〔一〕「𡆥」或比定作「禍」「咎」「憂」等字。

【備注】

組類：歷組

材質：牛肩胛骨

尺寸：長六・四、寬五・六厘米

著録：《謝》四二〇

來源：一九五七年三月十三日滬購

院藏號：新一六〇一九四

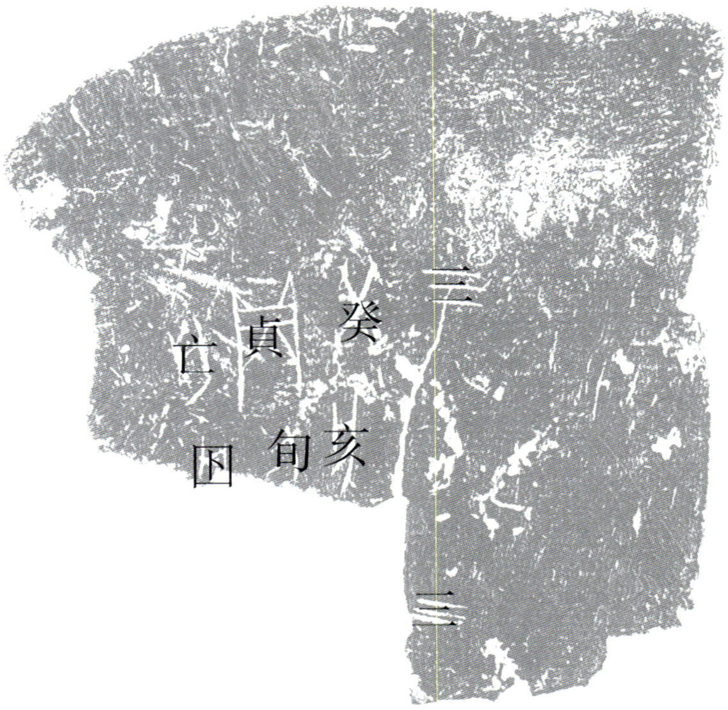
三
癸亥
貞旬
亡囚
二

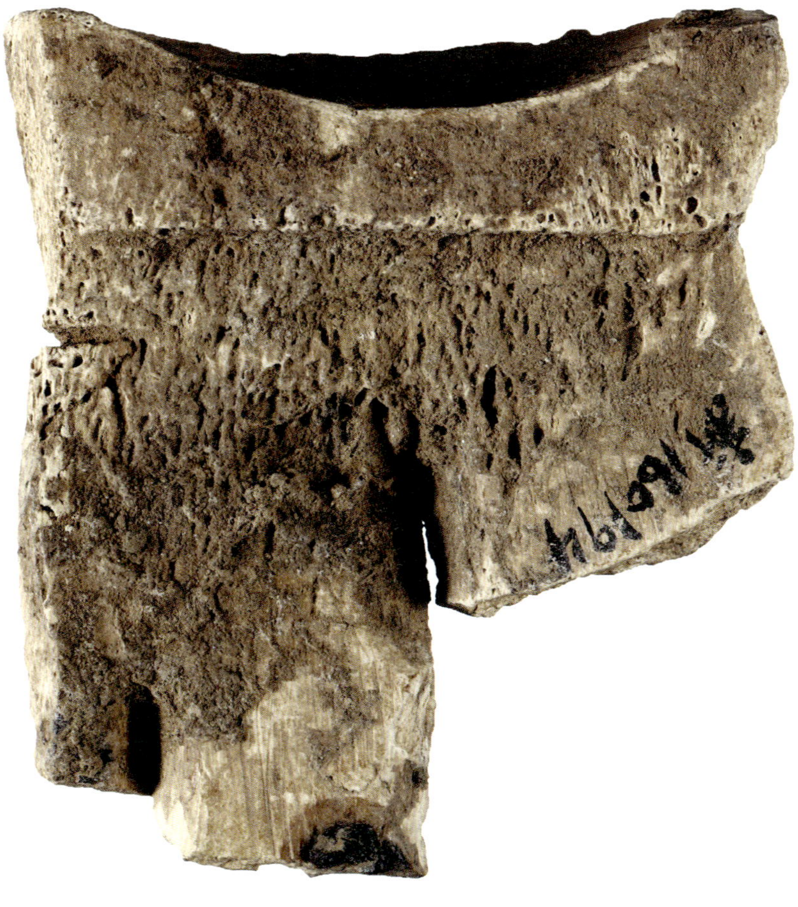

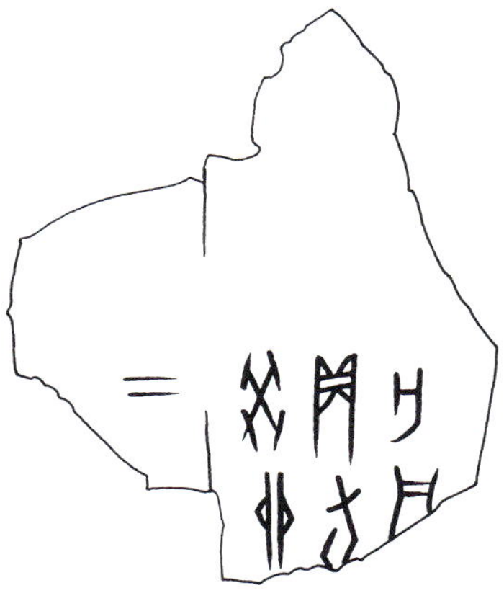

三八四 癸卯貞旬亡囚事

本骨正面存辭一條。反面無字。

（一） 癸卯貞：旬亡［囚］〔一〕。 二

【簡釋】

〔一〕「囚」或比定作「禍」「咎」「憂」等字。

【備注】

組類：歷組

材質：牛肩胛骨

尺寸：長五・五、寬四・二厘米

著録：《京》四七一一、《謝》四六五、《合》三四九六三

來源：一九五七年三月十三日滬購

院藏號：新一六〇二五七

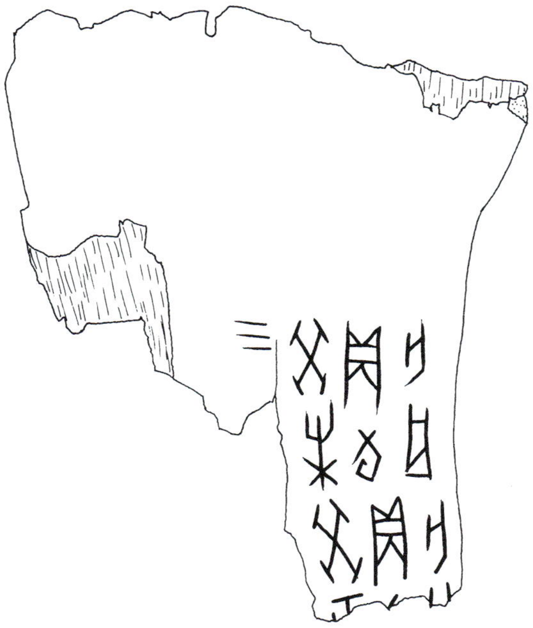

三八五　癸亥癸未等日貞旬亡囚事

本骨正面存辭二條。反面無字。

（一）癸［亥］貞：［旬］亡［囚］〔一〕。

（二）癸未貞：旬亡囚。三

【簡釋】

〔一〕「囚」或比定作「禍」「咎」「憂」等字。下同。

【備注】

組類：歷組

材質：牛肩胛骨

尺寸：長八・四、寬五・八厘米

著録：《京》四六九一、《謝》五二七、《合》三四八二三

來源：一九五七年三月十三日滬購

院藏號：新一六〇二〇一

癸未貞旬亡囚
三
癸亥貞旬亡囚

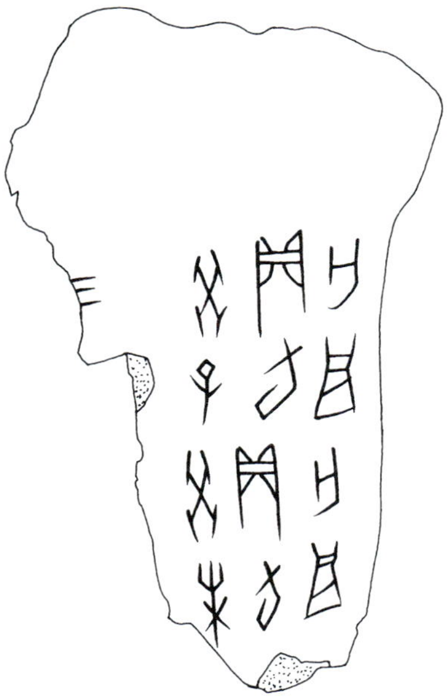

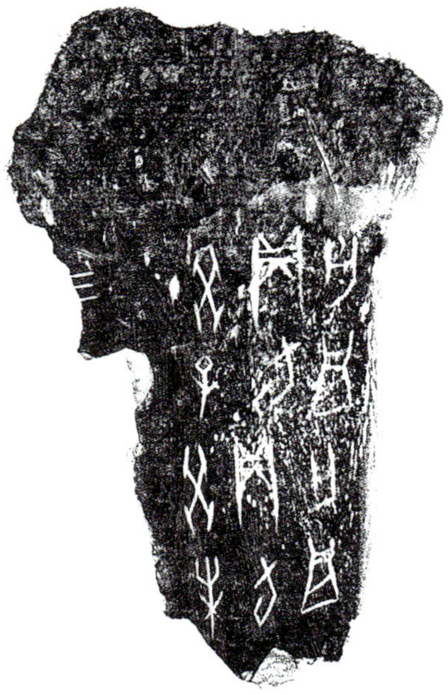

三八六　癸未癸巳等日貞旬亡𡆥事

本骨正面存辭二條。反面無字。

（一）癸未貞：旬亡𡆥[一]。

（二）癸巳貞：旬亡𡆥。三

【簡釋】

[一]「𡆥」或比定作「禍」「咎」「憂」等字。下同。

【備注】

組類：歷組

材質：牛肩胛骨

尺寸：長八・〇、寬四・一厘米

著録：《京》四六九二、《謝》五〇七、《合》三四八三七

來源：一九五七年三月十三日滬購

院藏號：新一六〇三四二

亡囚亡囚
貞旬貞旬
癸巳癸未
三

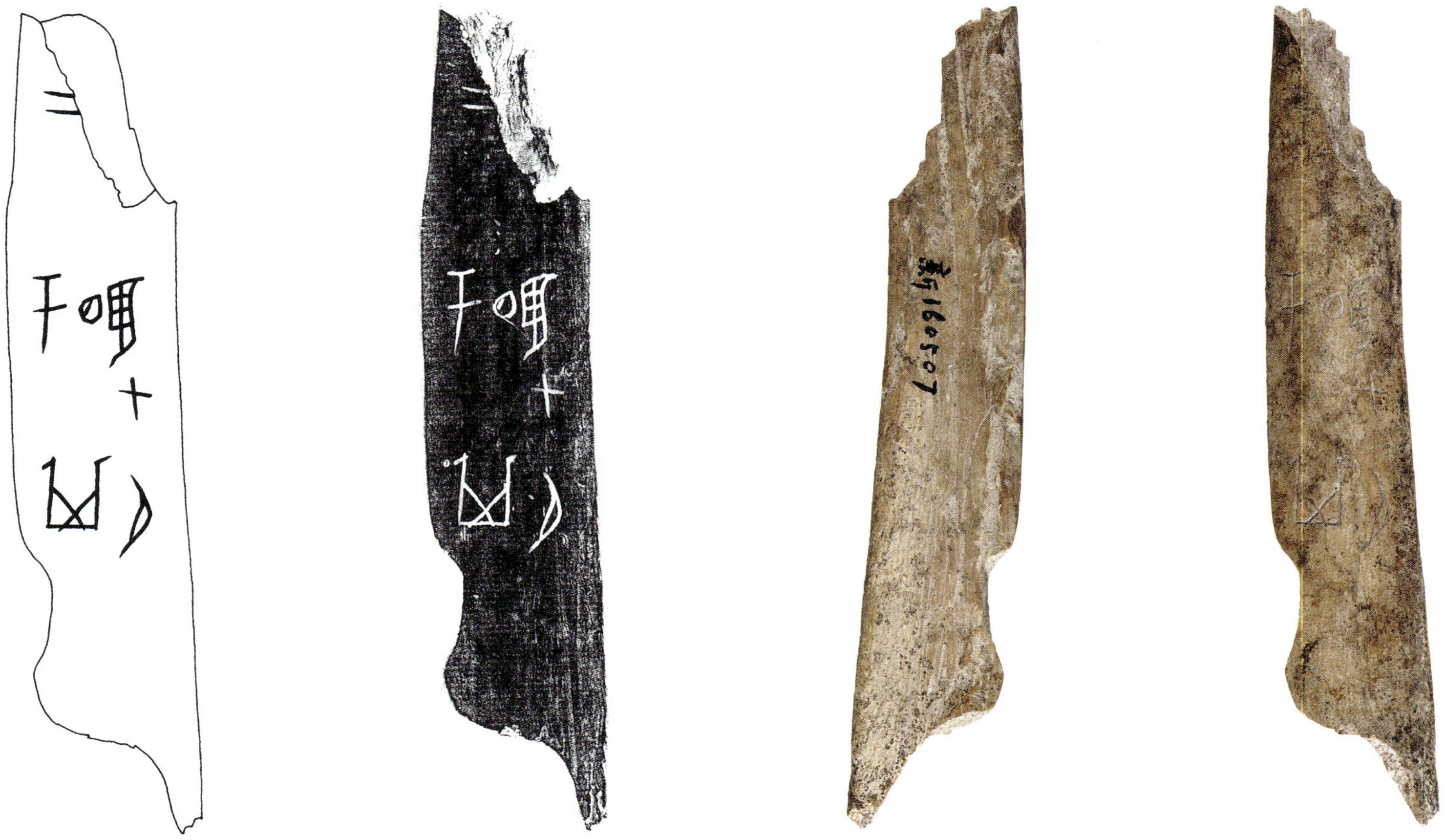

三八七　某日問其夕與于翌甲等事

本骨正面存辭三條。反面無字。

（一）其夕。

（二）于䎀(翌)甲。

（三）☐二☐[一]

【備注】

組類：歷組

材質：牛肩胛骨

尺寸：長一一・六、寬二・〇厘米

著録：《京》四八八〇、《謝》四八六、《合》三三七一二

來源：一九五七年三月十三日滬購

院藏號：新一六〇五〇七

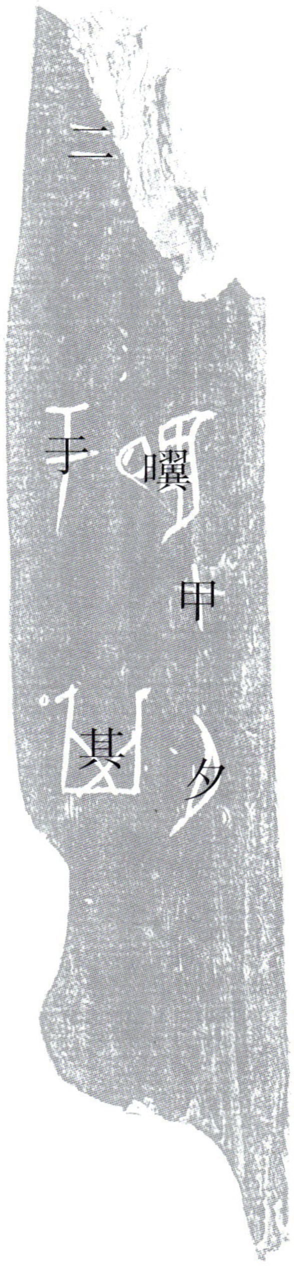
二
⿰日翼
甲
夕
于
其

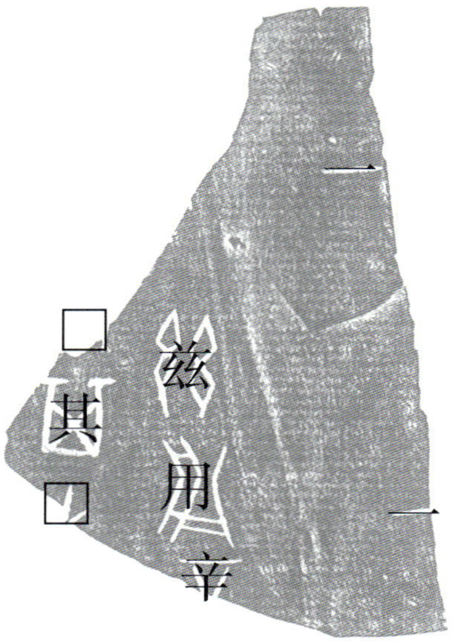

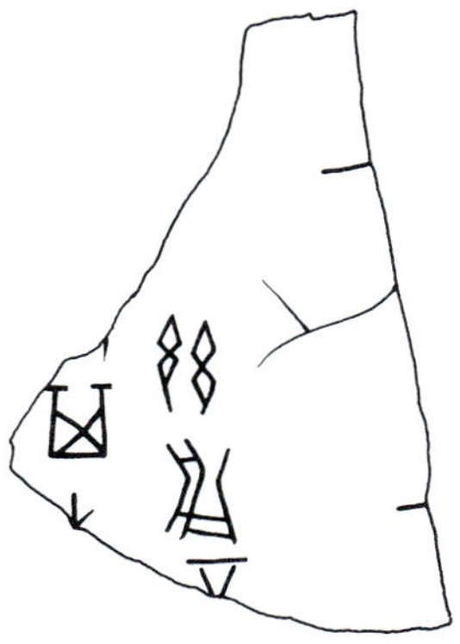

三八八　某日問某兹用等事

本骨正面存辭二條。反面無字。

（一）［辛］□　一

（二）□□其□□兹用。一

【備注】

組類：歷組

材質：牛肩胛骨

尺寸：長五・〇、寬三・二厘米

著録：《謝》一九〇、《合補》一〇三〇三

來源：一九五七年三月十三日滬購

院藏號：新一六〇四七六

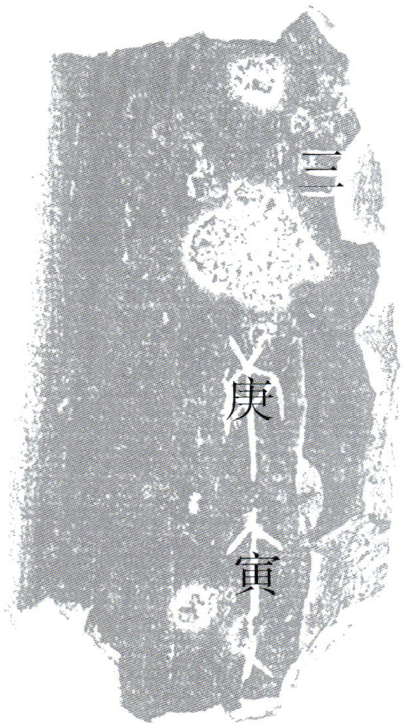

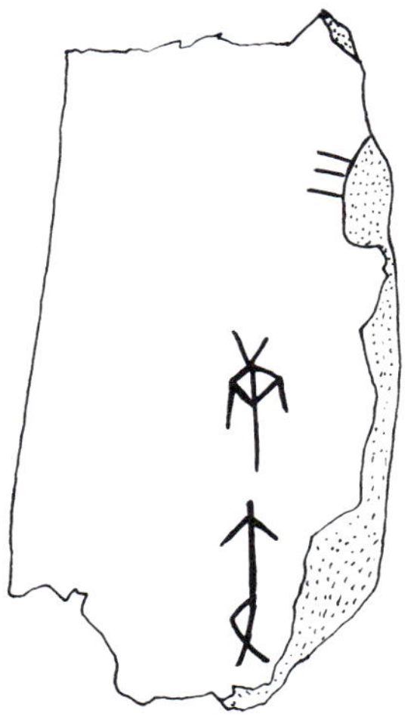

三八九　庚寅問某事

本骨正面存辭二條。反面無字。

（一）庚寅☐

（二）三

【備注】

組類：歷組

材質：牛肩胛骨

尺寸：長六・四、寬二・六厘米

著録：未見

來源：一九五七年三月十三日滬購

院藏號：新一六〇四九三

三九〇　乙未問某事

本骨正面存辭一條。反面無字。

（一）　乙未☐　一

【備注】

組類：歷組

材質：牛肩胛骨

尺寸：長三・五、寬二・八厘米

著録：《謝》一九一

來源：一九五七年三月十三日滬購

院藏號：新一六〇四六三

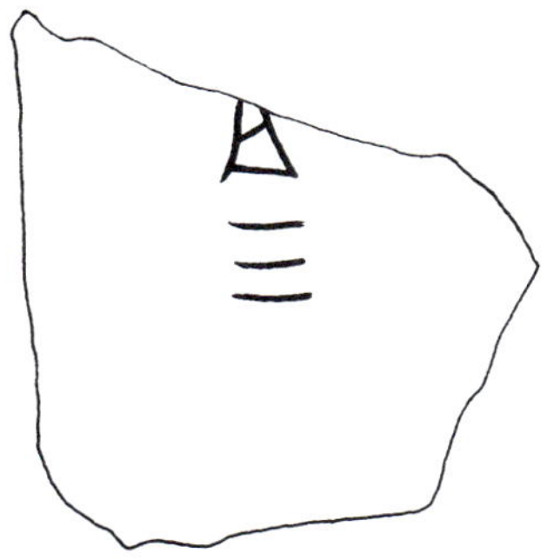

三九一　𠂤三骨面刻辭

本骨正面存辭一條。反面無字。

（一）　☐［𠂤］〔一〕三。〔二〕

【簡釋】

〔一〕「𠂤」或比定作「冎」「肩」等字。

〔二〕本骨可綴《宮華師》七九。綴合後釋文可補爲「☐㚇乞𠂤三」。詳見蔡哲茂綴，《綴續》第四〇二組。

【備注】

組類：歷組

材質：牛肩胛骨

尺寸：長四・三、寬三・四厘米

著録：《京》四八〇三、《謝》三一二

來源：一九五七年三月十三日滬購

院藏號：新一六〇四六四

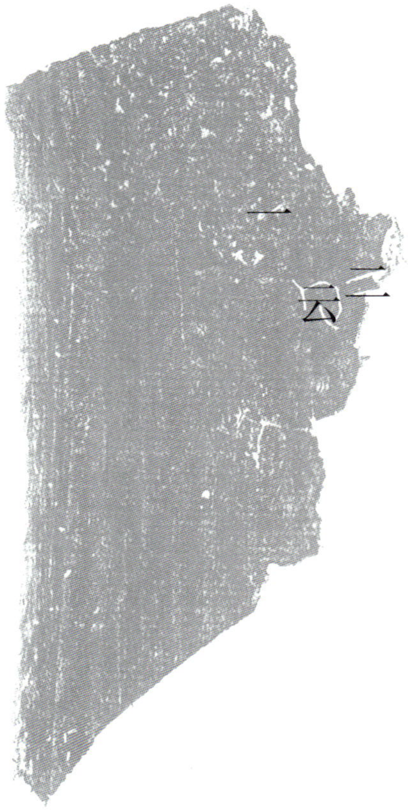

三九二　某日問雲事

本骨正面存辭二條。反面無字。

（一）一

（二）☐云（雲）☐　二[一]

【簡釋】

[一]本骨反面骨邊有三道切口。

【備注】

組類：歷組

材質：牛肩胛骨

尺寸：長七・四、寬三・一厘米

著録：《京》三〇一一、《謝》一二

來源：一九五七年三月十三日滬購

院藏號：新一六〇三六八

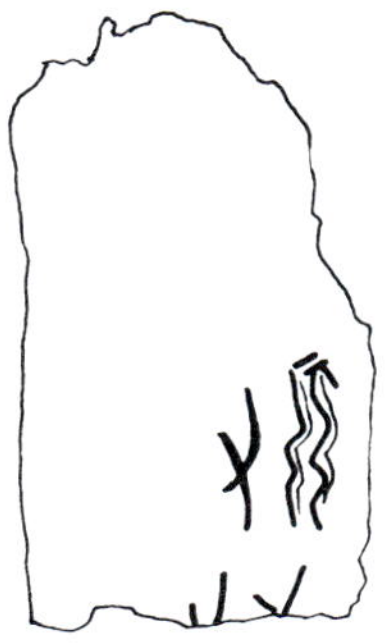

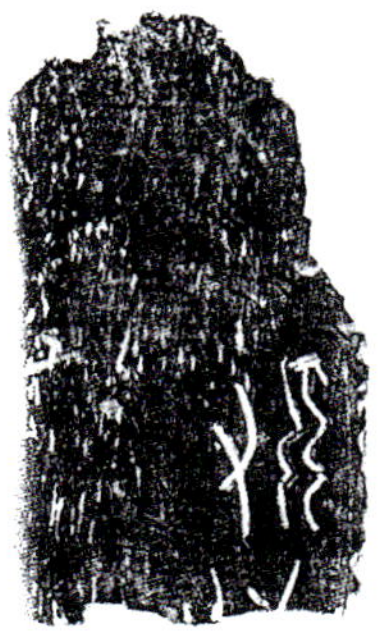

三九三　某日問勿侑等事

本骨正面存辭二條。反面無字。

（一）□⧄□⧄

（二）弜（勿）又（侑）。〔一〕

【簡釋】

〔一〕本骨用細筆先劃後刻字。

【備注】

組類：歷組

材質：牛肩胛骨

尺寸：長四・三、寬二・一厘米

著録：《謝》四四二

來源：一九五七年三月十三日滬購

院藏號：新一六〇四八四

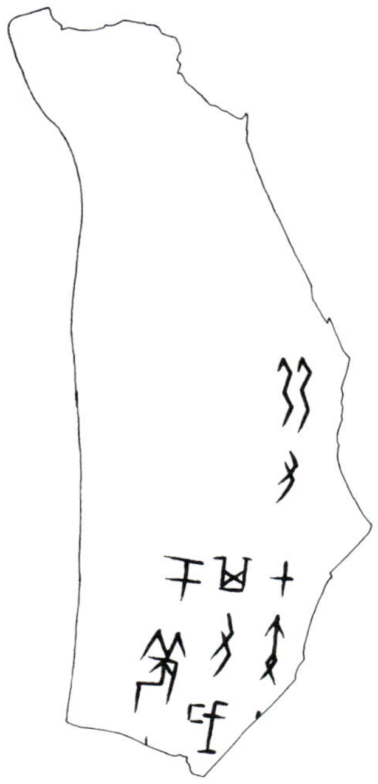

三九四　甲寅卜其侑歲于羌甲與勿侑等事

本骨正面存辭二條。反面無字。

（一）　甲寅[卜]：其又(侑)歲于羗(羌)[甲]。

（二）　弜(勿)又(侑)。

【備注】

組類：歷無

材質：牛肩胛骨

尺寸：長八・七、寬二・五厘米

著録：《京》四〇二八、《謝》五一九、《合》三二五八九

來源：一九五七年三月十三日滬購

院藏號：新一六〇三四五

弜又
甲寅卜
其又歲
于羗甲

三九五　寅日卜毓祖乙歲牢事

本骨正面存辭一條。反面無字。

（一）□寅卜：毓［且（祖）］乙[一]〼［歲］牢。

【簡釋】

［一］「且乙」爲合文。

【備注】

組類：歷無

材質：牛肩胛骨

尺寸：長五・五、寬二・〇厘米

著録：《京》四〇三二、《謝》四二七、《合》三二六三八

來源：一九五七年三月十三日滬購

院藏號：新一六〇二六六

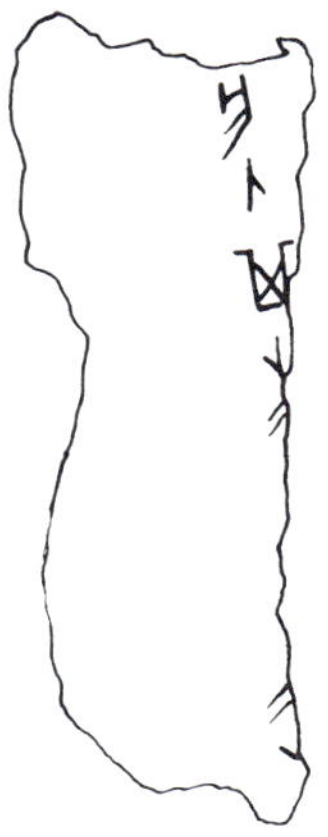

三九六　亥日卜其禱事

本骨正面存辭一條。反面無字。

（一）〼［亥］卜：其［桒（禱）］〼□□〼

【備注】

組類：歷無

材質：牛肩胛骨

尺寸：長五・六、寬二・〇厘米

著録：未見

來源：一九五七年三月十三日滬購

院藏號：新一六〇〇二〇

三九七　丁亥卜王往田亡災等事

本骨正面存辭二條。反面無字。

（一）☐弗☐

（二）［丁］亥卜：王圭（往）田，亡𢦏（災）。

【備注】

組類：歷組

材質：牛肩胛骨

尺寸：長六・〇、寬二・一厘米

著録：《京》四五二六、《謝》四五六、《合》三三四一六

來源：一九五七年三月十三日滬購

院藏號：新一六〇二五九

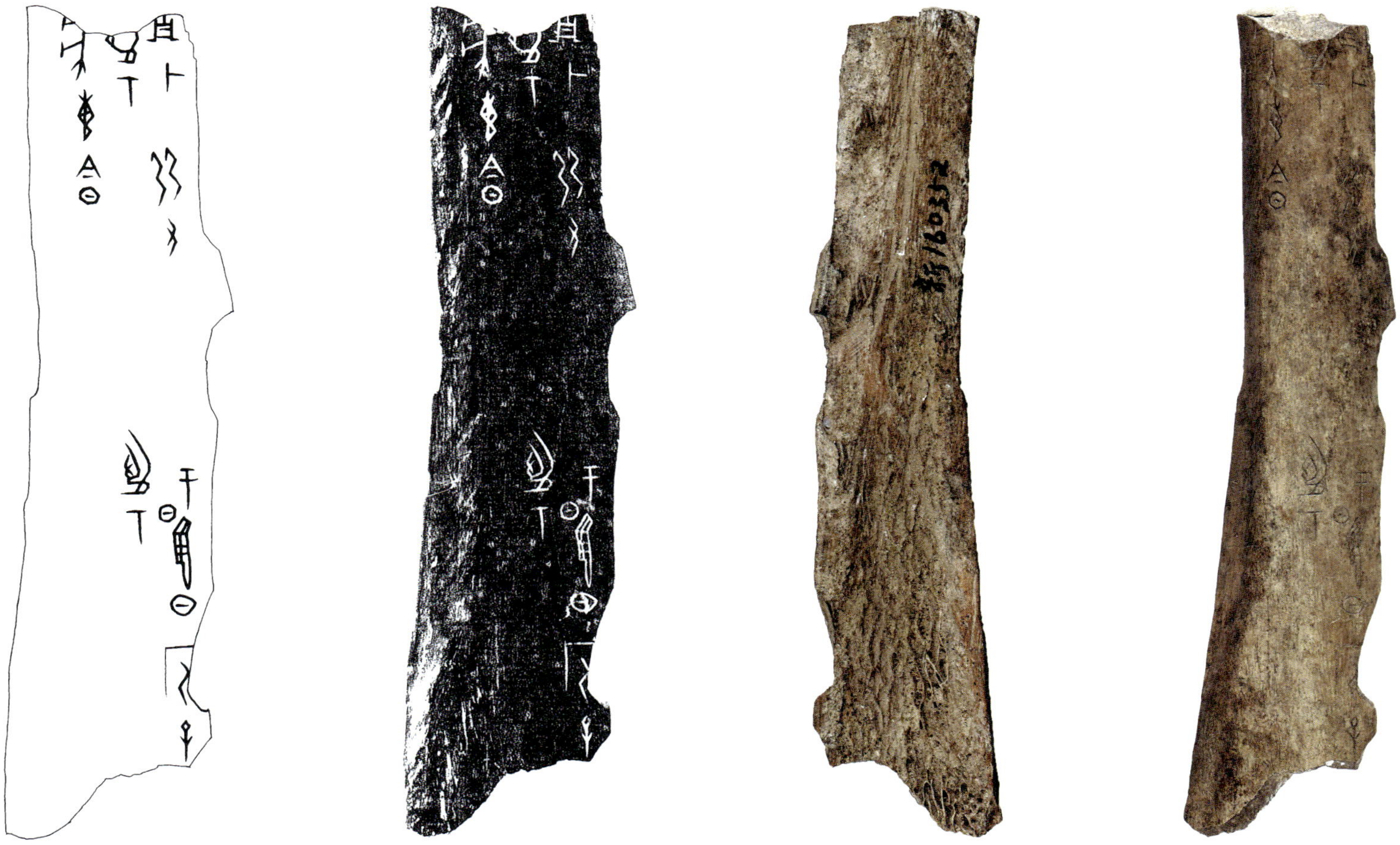

三九八　某日問于翌日㲋與勿侑等事

本骨正面存辭四條，有界劃綫。反面無字。

（一）［乙］巳☐

（二）于曤（翌）日㲋。

（三）弜（勿）又（侑）。

（四）☐子卜☐［㲋］☐［兕］叀今日。

【備注】

組類：歷無

材質：牛肩胛骨

尺寸：長一二・一、寬五・〇厘米

著録：《京》四三〇八、《謝》五三五、《合》三三〇〇八

來源：一九五七年三月十三日滬購

院藏號：新一六〇三五二

新160352

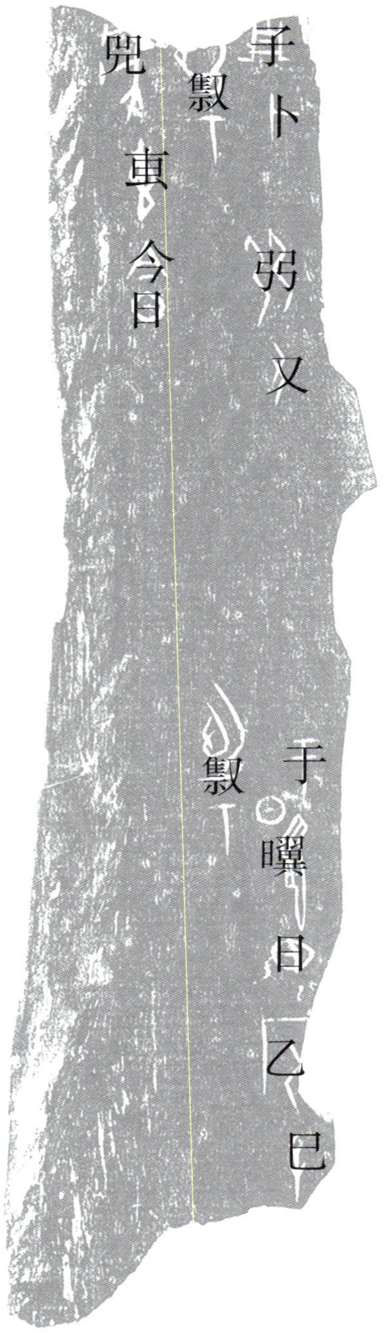
子卜弜文
殻
兕叀今日
于暵日乙巳
殻

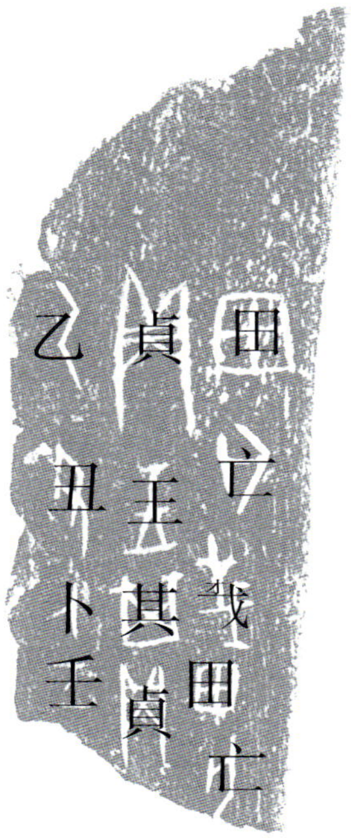

三九九　乙丑等日卜貞王其田亡災事

本骨正面存辭二條。反面無字。

（一）壬☐貞☐田，亡☐

（二）乙丑卜，貞：王其田，亡𢦏（災）。

【備注】

組類：歷無

材質：牛肩胛骨

尺寸：長五・九、寬一・九厘米

著録：《京》四五一〇、《謝》四五五、《合》三三五〇三

來源：一九五七年三月十三日滬購

院藏號：新一六〇三七二

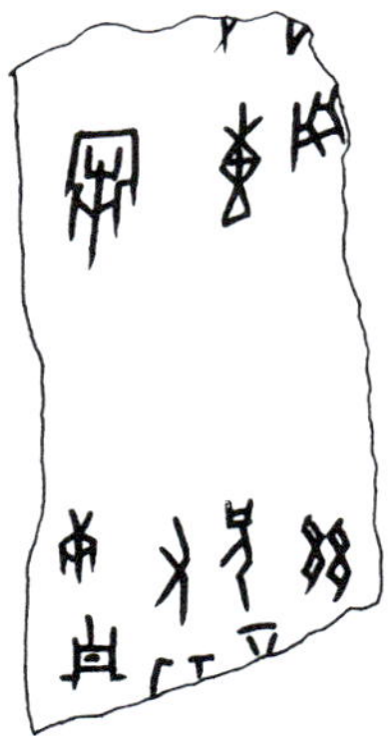

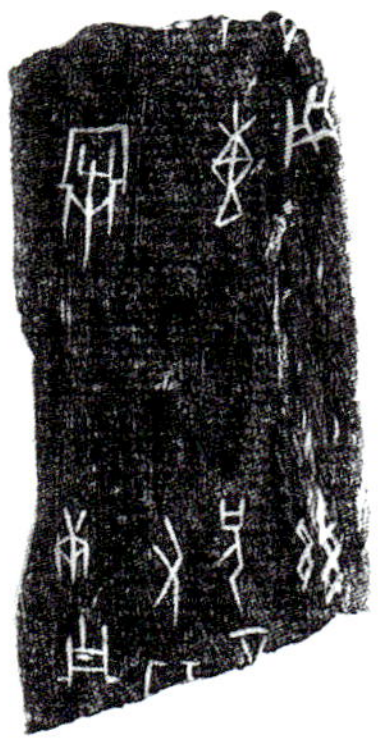

四〇〇　庚子問侑歲于兄辛兹用與叀牢等事

本骨正面存辭二條。反面無字。

（一）庚子☐又（侑）［歲］☐兄［辛］☐兹☐

（二）☐牢☐叀☐［兹］用。〔一〕

【簡釋】

〔一〕本骨可綴《合》二七三三九，綴合後釋文可補爲「庚子卜：其又（侑）歲于兄辛一牛。兹用。☐牢☐叀☐用」。詳見王子楊綴，《拼續》第四二一則。

【備注】

組類：歷無

材質：牛肩胛骨

尺寸：長五・〇、寬二・二厘米

著録：《京》四〇八二、《謝》四五四、《合》二七六二三

來源：一九五七年三月十三日滬購

院藏號：新一六〇二八五

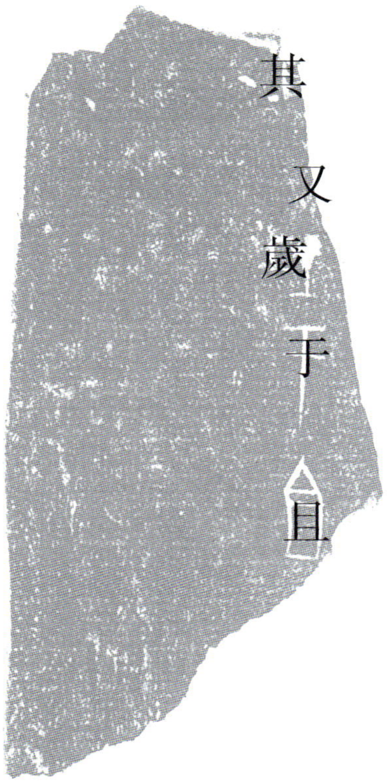

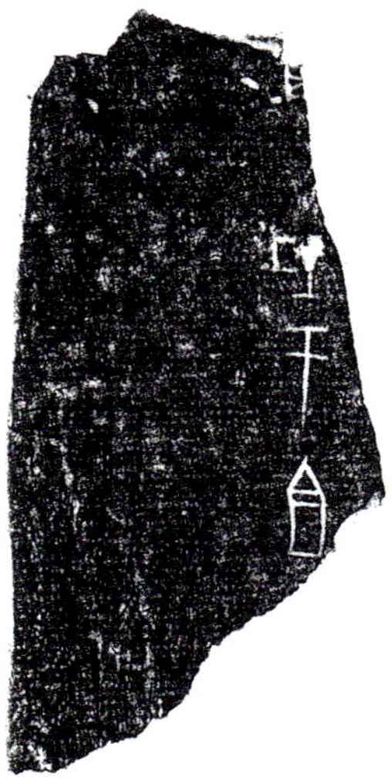

四〇一　某日問其侑歲于祖某事

本骨正面存辭一條。反面無字。

（一）　〼［其又（侑）］歲于且（祖）〼

【備注】

組類：歷無

材質：牛肩胛骨

尺寸：長六・九、寬三・一厘米

著録：《京》四一〇八、《謝》三七四、《合》二七三七三

來源：一九五七年三月十三日滬購

院藏號：新一六〇〇〇四

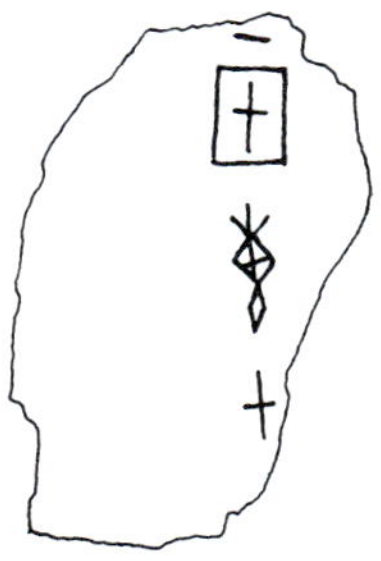

四〇二　某日問上甲事

本骨正面存辭一條。反面無字。

（一）　☐匣（上甲）〔一〕叀七☐

【簡釋】

〔一〕「匣」爲「上甲」合文。

【備注】

組類：無名

材質：牛肩胛骨

尺寸：長三・四、寬二・〇厘米

著録：《京》三九六四、《合》三二三七九

來源：一九五七年三月十三日滬購

院藏號：新一六〇三七〇

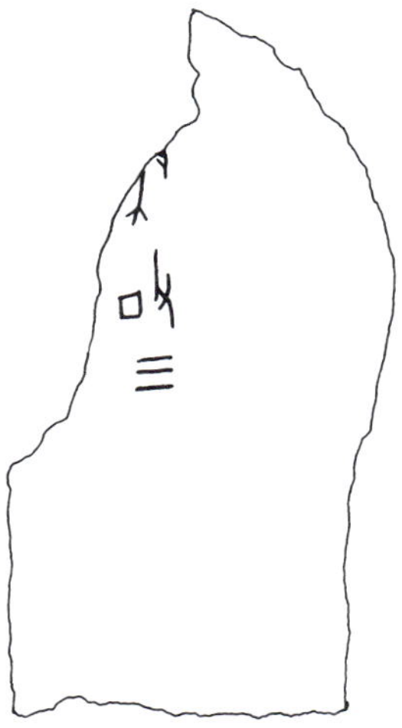

四〇三　某日問父丁事

本骨正面存辭一條。反面無字。

（一）　☒［兕］父丁〔一〕三☒

【簡釋】

〔一〕「父丁」爲合文。

【備注】

組類：無名

材質：牛肩胛骨

尺寸：長六・四、寬二・六厘米

著録：《京》四〇七四、《謝》一一、《合》三二七一九

來源：一九五七年三月十三日滬購

院藏號：新一六〇三七四

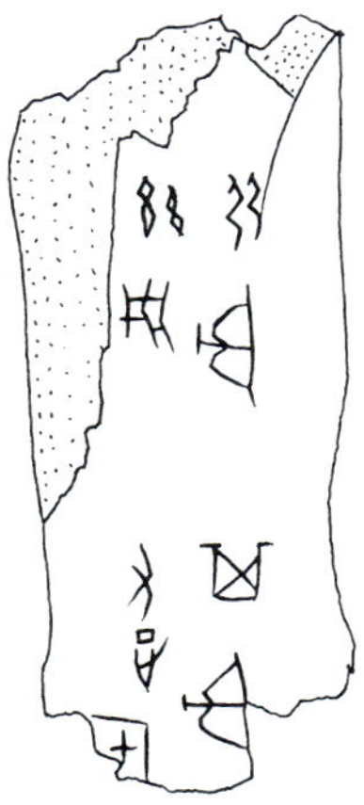

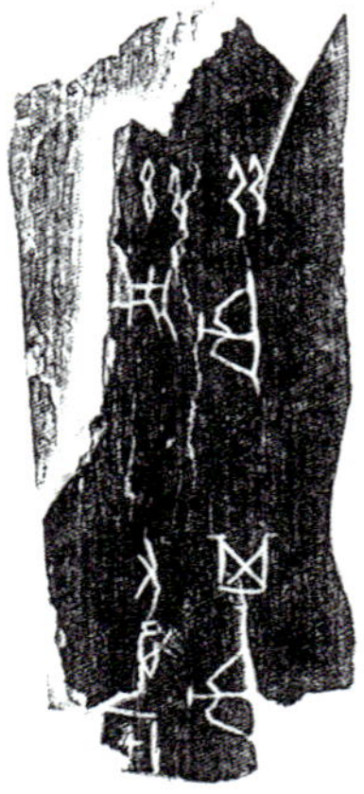

四〇四　某日問上甲與其射有正勿射茲用等事

本骨正面存辭三條。反面無字。

（一）□［匣（上甲）］［一］□

（二）其射，又（有）正。

（三）弜（勿）射。茲用。

【簡釋】

［一］「匣」爲「上甲」合文。

【備注】

組類：無名

材質：牛肩胛骨

尺寸：長五·七、寬一·八厘米

著録：《京》三九六二、《謝》四一三、《合》三一一四一

來源：一九五七年三月十三日滬購

院藏號：新一六〇二一二

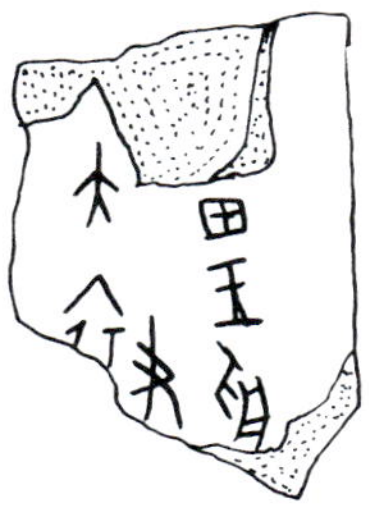

四〇五　某日問卒王受事

本骨正面存辭一條。反面無字。

（一）　☐大律（卒）☐［田］，王［受］☐

【備注】

組類：無名

材質：牛肩胛骨

尺寸：長三・四、寬一・七厘米

著録：《謝》四四六、《合》三〇九九三

來源：一九五七年三月十三日滬購

院藏號：新一六〇〇六七

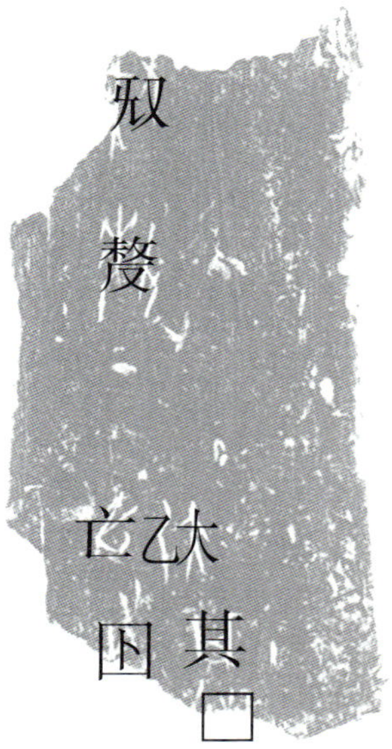

四〇六　某日問大乙亡囚等事

本骨正面存辭二條。反面無字。

（一）大乙〔一〕其□，亡[囚]〔二〕。

（二）[𣦼]癹。

【簡釋】

〔一〕「大乙」爲合文。

〔二〕「囚」或比定作「禍」「咎」「憂」等字。

【備注】

組類：無名

材質：牛肩胛骨

尺寸：長五・〇、寬二・一厘米

著録：《京》三九七八、《謝》五〇二、《合》二七一三二

來源：一九五七年三月十三日滬購

院藏號：新一六〇四六六

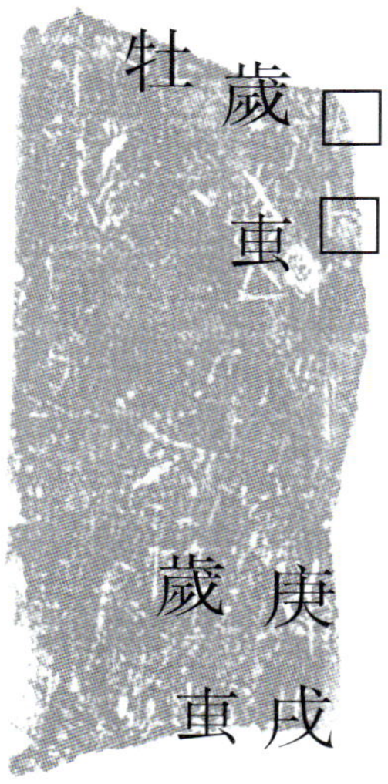

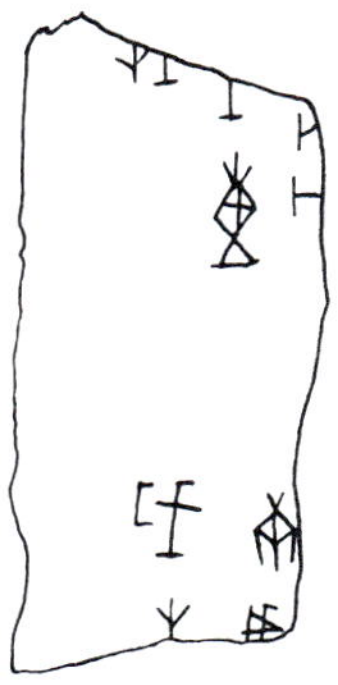

四〇七　庚戌問歲某等事

本骨正面存辭二條。反面無字。

（一）庚［戌］〼歲［叀］〼

（二）〼□□〼［歲］叀〼［牡］。

【備注】

組類：無名

材質：牛肩胛骨

尺寸：長四・六、寬二・〇厘米

著録：未見

來源：一九五七年三月十三日滬購

院藏號：新一六〇四八二

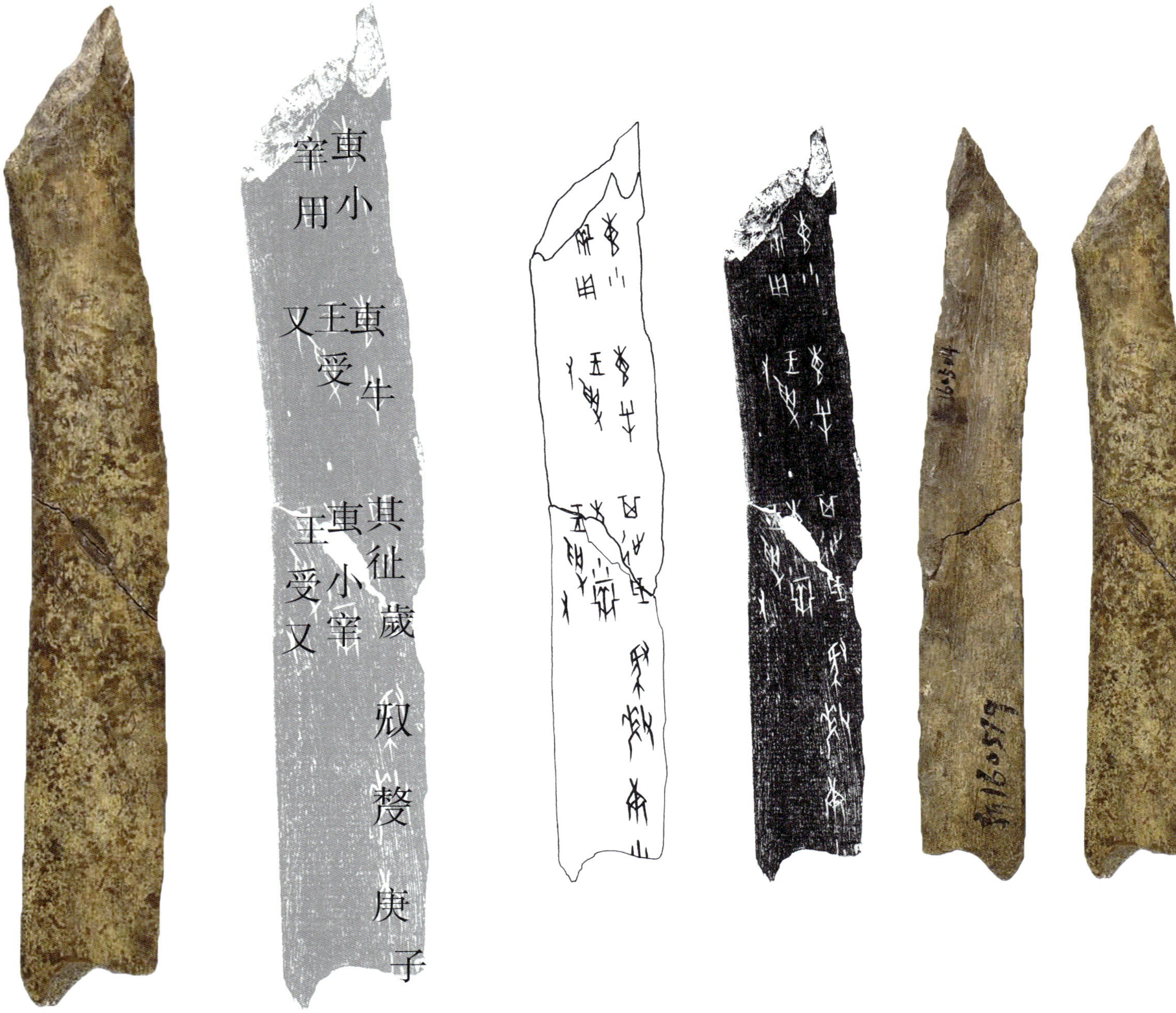

四〇八　庚子問其延歲用小宰用牛用小宰王受祐等事

本骨正面存辭五條。反面無字。

（一）庚［子］☐

（二）馭婪。

（三）其征(延)歲叀小宰〔一〕，王受又(祐)。

（四）叀牛，王受又(祐)。

（五）叀小宰，用。

【簡釋】

〔一〕「小宰」爲合文。

【備注】

組類：無名

材質：牛肩胛骨

尺寸：長一二·九、寬一·七厘米

著録：〔上半〕《京》四一七五、《謝》四五九、《合》三〇七一四；〔下半〕《京》四一七三、《謝》四六〇、《合》三一八七三；〔全〕《合補》九七〇八

來源：一九五七年三月十三日滬購

院藏號：新一六〇五〇四+新一六〇五一九

四〇九　某日問于⿰夒戈求有大某事

本骨正面存辭一條。反面無字。

（一）于⿰夒戈☒求〔一〕，又（有）大☒

【簡釋】

〔一〕「求」或比定作「咎」字。

【備注】

組類：無名

材質：牛肩胛骨

尺寸：長四・四、寬二・一厘米

著録：《京》三九三〇、《謝》四八二、《合》三〇四〇三

來源：一九五七年三月十三日滬購

院藏號：新一六〇三八一

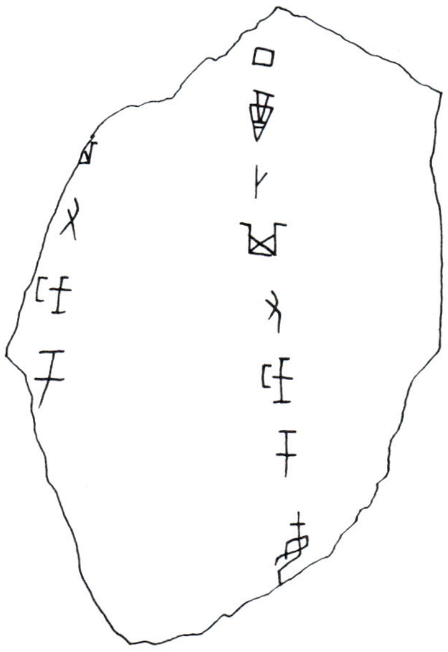

四一〇　丁酉卜其侑歲于母等事

本骨正面存辭二條。反面無字。

（一）丁酉卜：其又（侑）歲于［母］☐（一）

（二）［其］又（侑）歲于☐

【簡釋】

（一）本骨可綴《合》二七六六八，綴合後釋文可補爲「丁卯卜：其又（侑）歲于☐」。詳見李愛輝綴，《拼三》六八一則。

【備注】

組類：無名

材質：牛肩胛骨

尺寸：長七・九、寬五・二厘米

著録：《京》四一一四、《謝》三、《合》二七五九七

來源：一九五七年三月十三日滬購

院藏號：新一六〇〇〇三

新166003

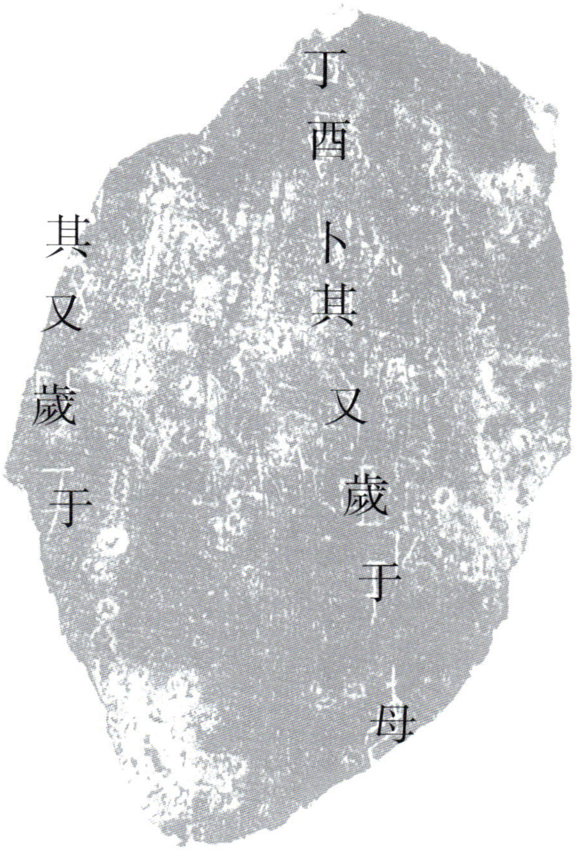
丁酉卜其又歲于母
其又歲于

四一一　戊子卜其侑歲于亳社用小宰等事

本骨正面存辭三條。反面無字。

（一）戊子卜：其又(侑)歲于亳土(社)三小☐

（二）十小宰。

（三）☐□☐

【備注】

組類：無名

材質：牛肩胛骨

尺寸：長八·四、寬一·九厘米

著録：《京》三九五〇、《謝》五二四、《合》二八一〇九、《存補》六·二一一五

來源：一九五七年三月十三日滬購

院藏號：新一六〇三四四

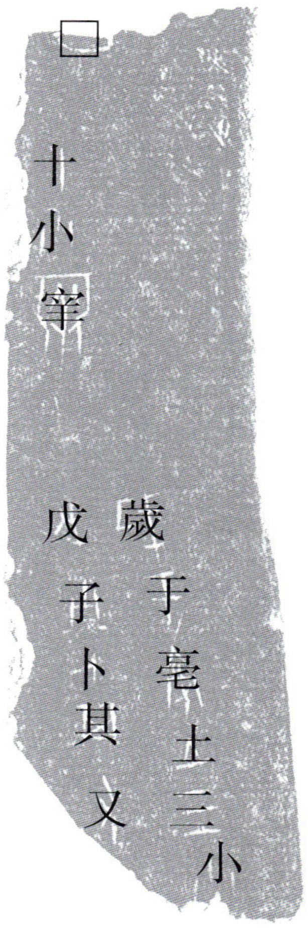
□
十小宰
戊子卜其又
歲于亳土三小

四一二　某日問其侑大乙叀五牢用等事

本骨正面存辭三條。反面無字。

（一）甲[戌]〼

（二）其又(侑)大乙[一]叀五牢，用。

（三）[叀]十〼用。

【簡釋】

[一]「大乙」爲合文。

【備注】

組類：無名

材質：牛肩胛骨

尺寸：長六・三、寬一・五厘米

著録：《京》三九七五、《謝》五一三、《合》二七〇九〇

來源：一九五七年三月十三日滬購

院藏號：新一六〇三七三

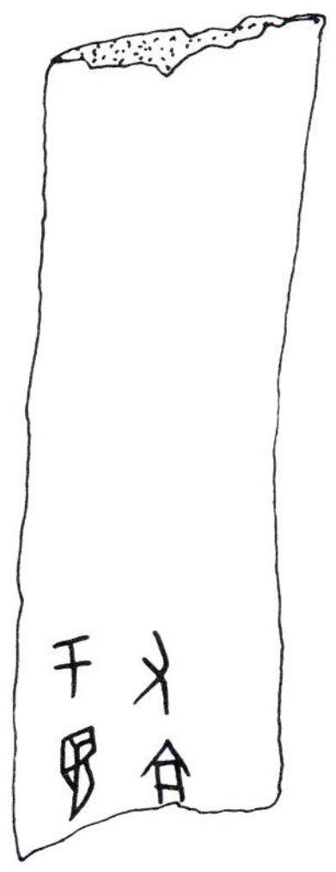

四一三 某日問于翌侑高某事

（一） 于翌☐又（侑）［高］☐

本骨正面存辭一條。反面無字。

【備注】

組類：無名

材質：牛肩胛骨

尺寸：長六・九、寬一・五厘米

著録：《京》三九二四、《謝》四六一、《合補》八七四三

來源：一九五七年三月十三日滬購

院藏號：新一六〇三七五

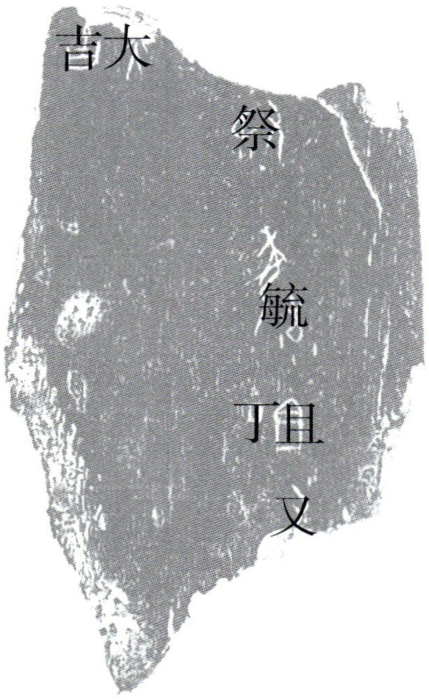

四一四　某日問祭毓祖丁侑事

本骨正面存辭一條。反面無字。

（一）囗祭毓且（祖）丁〔一〕，又（侑）囗
［大］吉

【簡釋】

〔一〕「且丁」爲合文。

【備注】

組類：無名

材質：牛肩胛骨

尺寸：長五・九、寬三・三厘米

著録：《京》四〇三七、《謝》三六、《合》二七三一六

來源：一九五七年三月十三日滬購

院藏號：新一六〇二六九

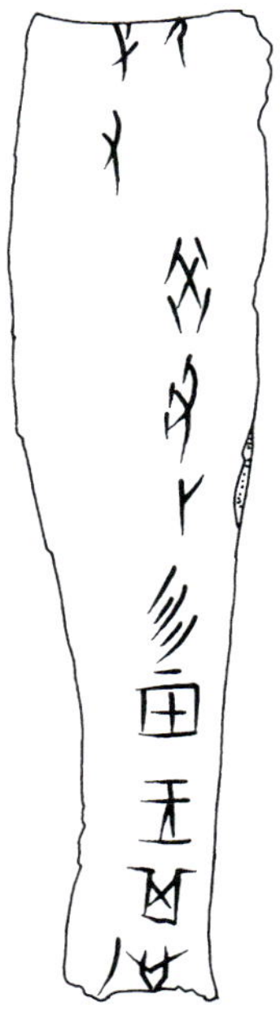

四一五　癸丑卜彡上甲王其遘某等事

本骨正面存辭二條。反面無字。

（一）癸丑卜：彡（彡）圅（上甲）〔一〕，王其［遘］☐

（二）☐［匕（妣）］☐［受］又（祐）。

【簡釋】

〔一〕「圅」爲「上甲」合文。

【備注】

組類：無名

材質：牛肩胛骨

尺寸：長八・三、寬一・九厘米

著録：《京》三九五八、《謝》五三二、《合》二七〇四五

來源：一九五七年三月十三日滬購

院藏號：新一六〇五〇二

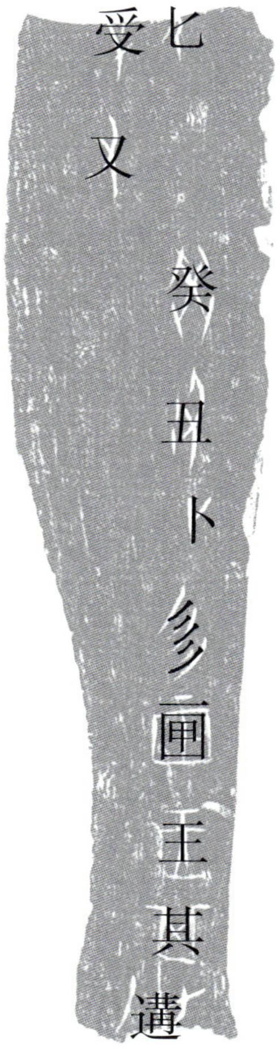
匕
癸丑卜多亘王其遘
受又

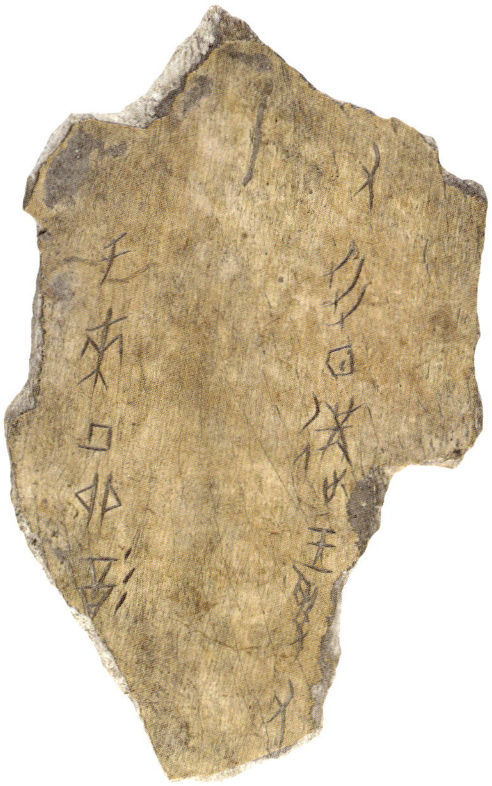

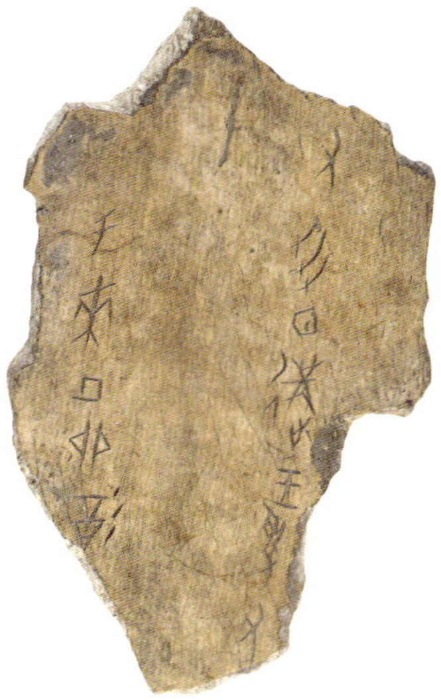

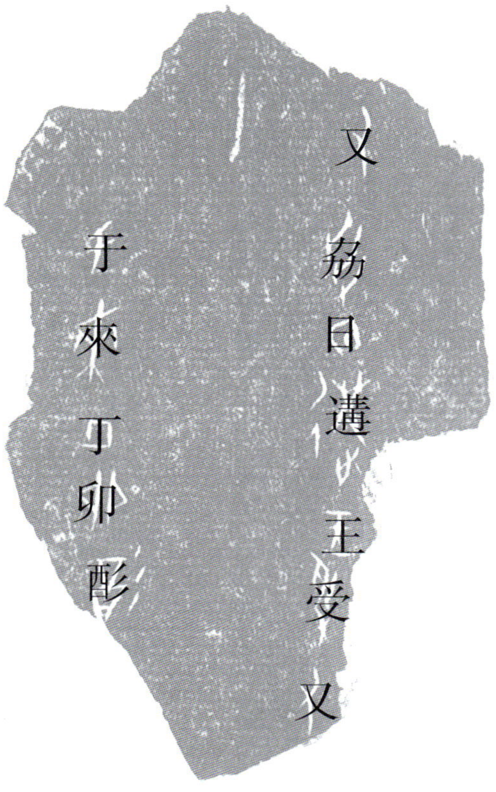

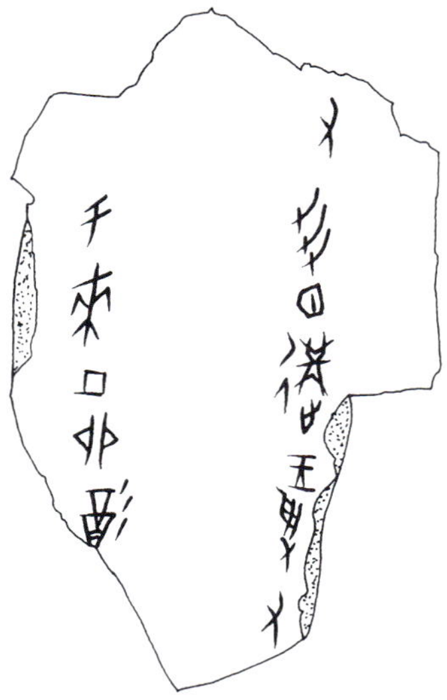

四一六　某日問侑劦日遘王受祐與于來丁卯酌等事

本骨正面存辭二條。反面無字。

（一）〼又（侑）劦日遘，王受又（祐）。

（二）于來丁卯酌。

【備注】

組類：無名

材質：牛肩胛骨

尺寸：長七・一、寬四・一厘米

著録：《京》四二一七、《謝》一〇、《合》三〇八五二

來源：一九五七年三月十三日滬購

院藏號：新一六〇五〇九

四一七　某日問翌日彭上甲等事

本骨正面存辭二條。反面無字。

（一）叀翌☐彭匣（上甲）〔一〕☐☐

（二）☐☐☐☐

【簡釋】

〔一〕「匣」爲「上甲」合文。

【備注】

組類：無名

材質：牛肩胛骨

尺寸：長四・二、寬一・九厘米

著録：《京》三九六一、《謝》四三六、《合》二七〇五三

來源：一九五七年三月十三日滬購

院藏號：新一六〇〇八九

四一八　某日問勿儐等事

本骨正面存辭二條。反面無字。

（一）王☐

（二）弜（勿）宔（儐）。

【備注】

組類：無名

材質：牛肩胛骨

尺寸：長五・九、寬一・八厘米

著録：《京》四二八六、《謝》五〇四、《合》三〇五八〇

來源：一九五七年三月十三日滬購

院藏號：新一六〇二六一

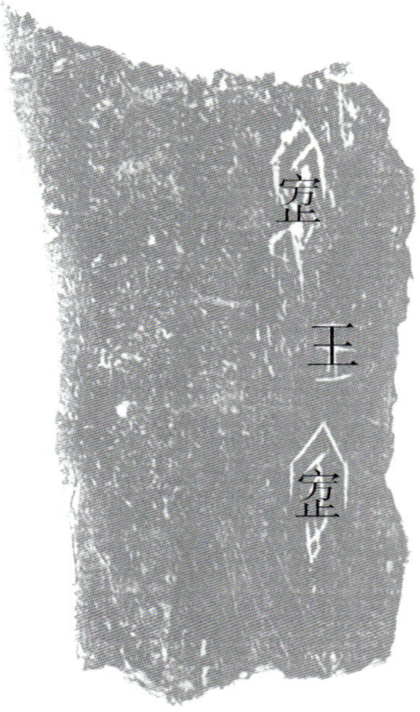

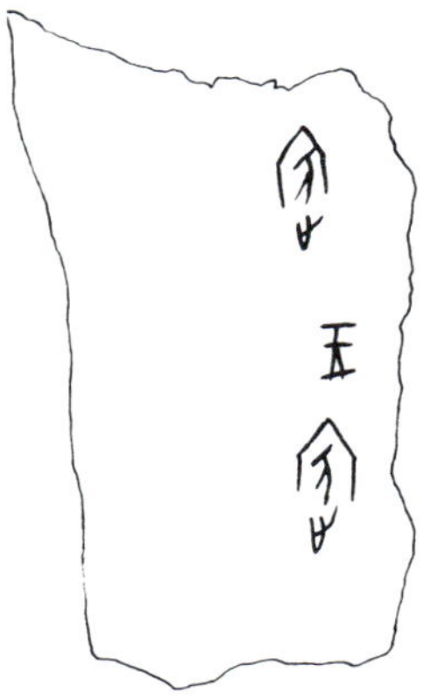

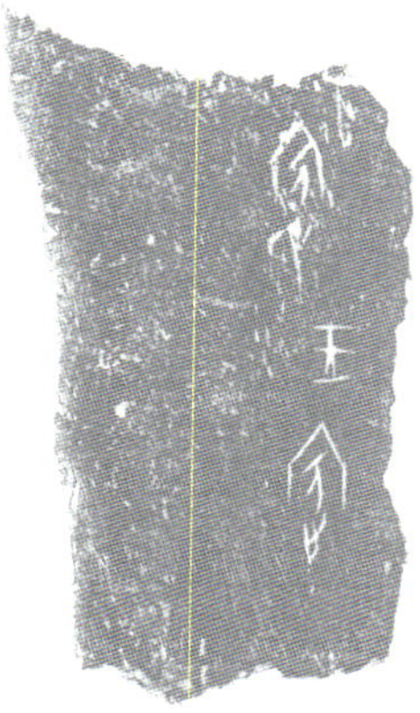

四一九　某日問王儐等事

本骨正面存辭二條。反面無字。

（一）王定（儐）。

（二）☐定（儐）。

【備注】

組類：無名

材質：牛肩胛骨

尺寸：長五・四、寬二・五厘米

著録：《京》四二八五、《謝》四五〇、《合補》九六四八

來源：一九五七年三月十三日滬購

院藏號：新一六〇三〇七

四二〇　某日問[glyph]卯叀羊事

本骨正面存辭一條。反面無字。

（一）　☐[glyph]〔一〕卯叀羊。

【簡釋】

〔一〕「[glyph]」或比定做「升」「勺」「瓚」等字。

【備注】

組類：無名

材質：牛肩胛骨

尺寸：長七・三、寬三・七厘米

著録：《謝》六、《合》三〇三六一

來源：一九五七年三月十三日滬購

院藏號：新一六〇四九七

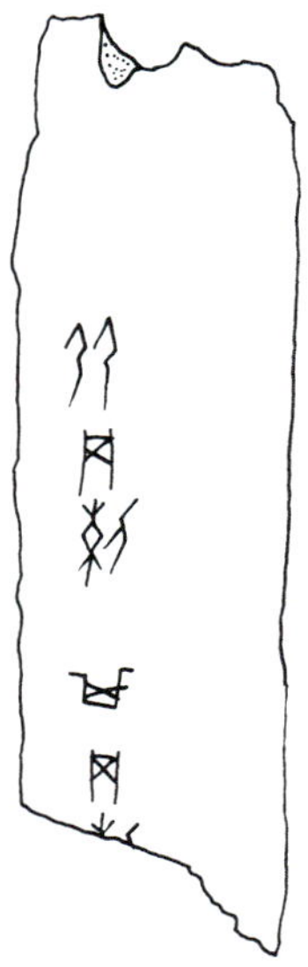

四二一　某日問其罰與勿罰等事

本骨正面存辭二條。反面無字。

（一）其[罰]。　一

（二）弜(勿)罰。

【備注】

組類：無名

材質：牛肩胛骨

尺寸：長七・三、寬一・六厘米

著録：《京》四三五四、《謝》四七〇、《合》三一一三四

來源：一九五七年三月十三日滬購

院藏號：新一六〇四九九

弜
剢
其
剢
一

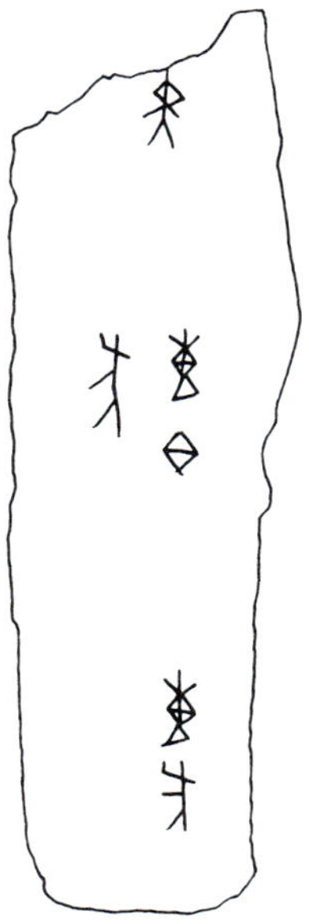

四二三　某日問叀豕與叀白豕等事

本骨正面存辭三條。反面無字。

（一）叀豕。

（二）叀白豕。

（三）☐［黑］☐

【備注】

組類：無名

材質：牛肩胛骨

尺寸：長七・八、寬一・九厘米

著録：《京》四二〇〇、《謝》五〇六、《合》二九五四六

來源：一九五七年三月十三日滬購

院藏號：新一六〇二七一

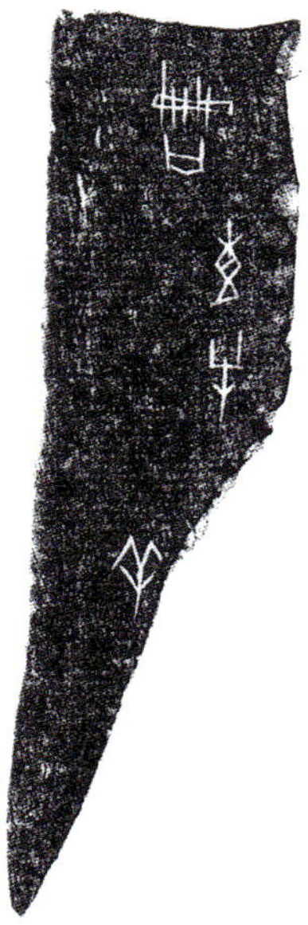

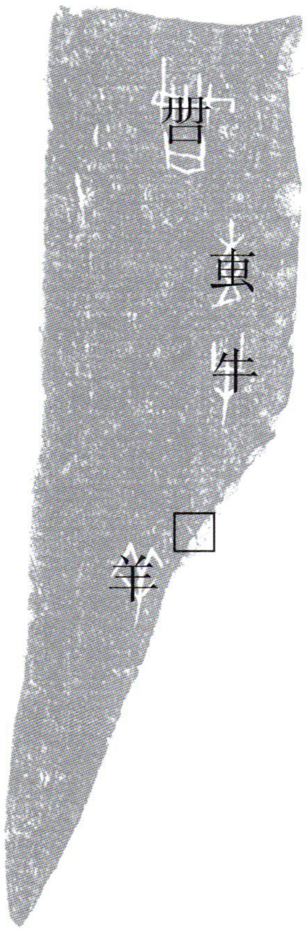

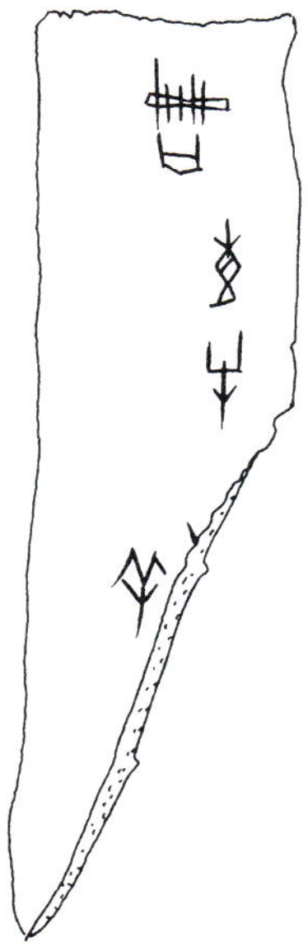

四二三　某日問叀牛與𠕋等事

本骨正面存辭三條。反面無字。

（一）☒□☒羊。

（二）叀牛。

（三）☒𠕋☒

【備注】

組類：無名

材質：牛肩胛骨

尺寸：長七・八、寬二・〇厘米

著録：《京》四一七七、《謝》四四七、《合》三〇六六一

來源：一九五七年三月十三日滬購

院藏號：新一六〇〇〇五

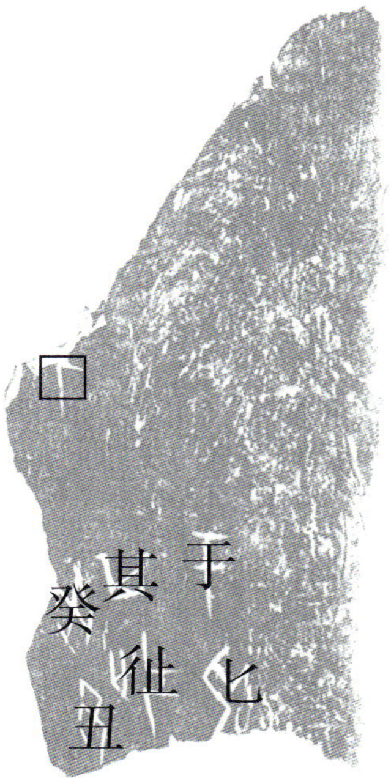

四二四　癸丑問其延于妣某等事

本骨正面存辭二條。反面無字。

（一）癸丑〼其祉（延）〼于匕（妣）〼

（二）〼〼

【備注】

組類：無名

材質：牛肩胛骨

尺寸：長五・八、寬二・三厘米

著録：《京》四一一三、《謝》四五二、《合》二七五七七、《合補》四四三一

來源：一九五七年三月十三日滬購

院藏號：新一六〇二四八

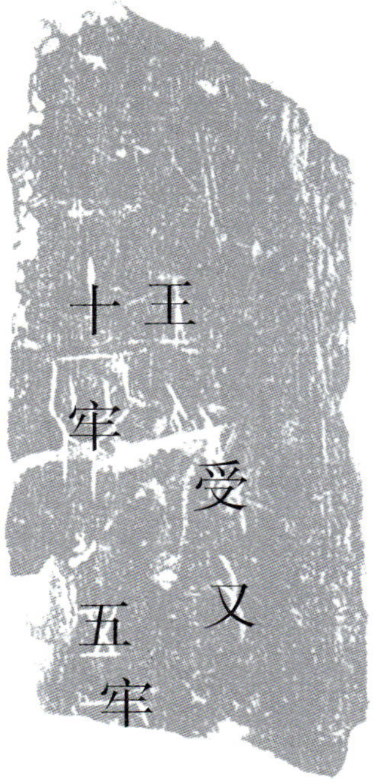

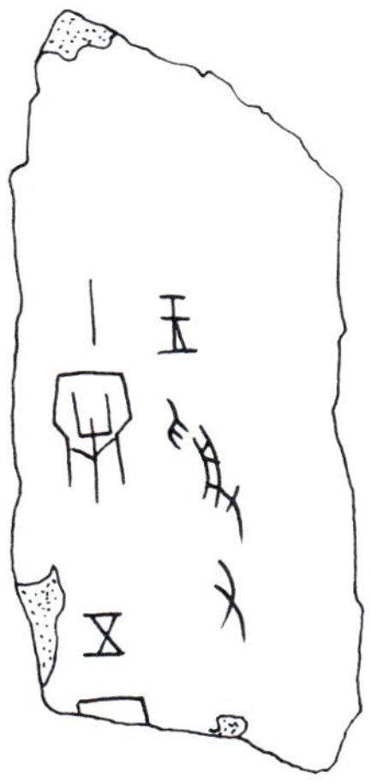

四二五　某日問五宰與十宰王受祐等事

本骨正面存辭二條。反面無字。

（一）五［宰］☐

（二）十宰，王受又（祐）。

【備注】

組類：無名

材質：牛肩胛骨

尺寸：長六・〇、寬二・一厘米

著録：《京》四一六九、《謝》四六四、《合》二九五六五

來源：一九五七年三月十三日滬購

院藏號：新一六〇五一七

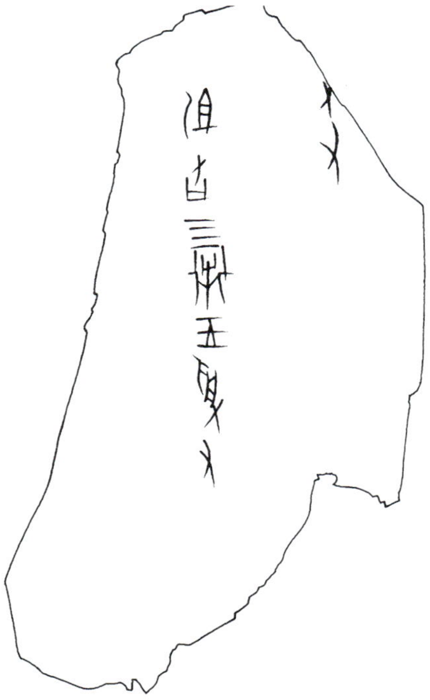

四二六　某日問祖乙舌三牢王受祐等事

本骨正面存辭二條。反面無字。

（一）且（祖）乙[一]舌三牢，王受又（祐）。

（二）☐［受］又（祐）。

【簡釋】

[一]「且乙」爲合文。

【備注】

組類：無名

材質：牛肩胛骨

尺寸：長九・三、寬五・〇厘米

著録：《京》四〇〇三、《謝》四、《合》二七一九一

來源：一九五七年三月十三日滬購

院藏號：新一六〇五〇五

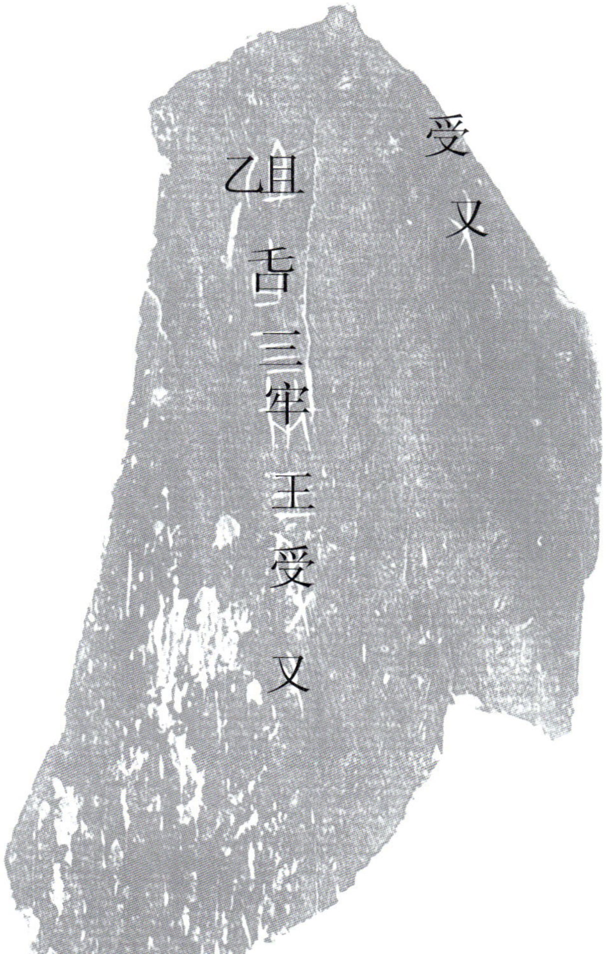
受又
乙且舌三牢王受又

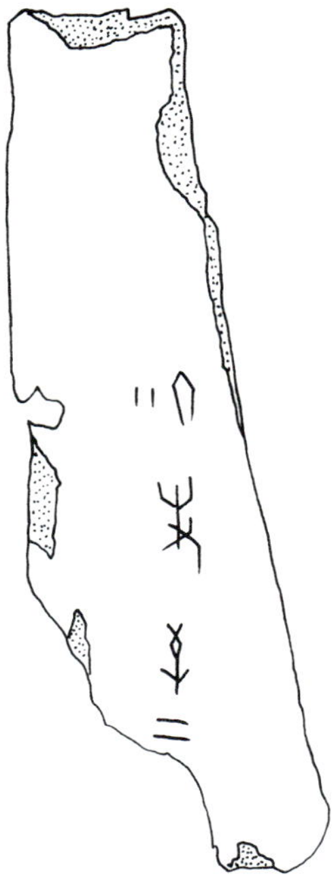

四二七　某日問祖丁史至事

本骨正面存辭一條。反面無字。

（一）　且（祖）丁史至〔一〕二☐

【簡釋】

〔一〕「且丁」爲合文。又，「且丁史至」四字均缺刻橫劃。

【備注】

組類：無名

材質：牛肩胛骨

尺寸：長八・七、寬二・二厘米

著録：《京》四〇一八、《謝》五二八、《合》二七二九二

來源：一九五七年三月十三日滬購

院藏號：新一六〇〇〇九

且史至二
丁

四二八　癸亥等日貞旬亡囚事

本骨正面存辭二條。反面無字。

（一）癸［亥］▢貞▢亡▢

（二）▢卜▢旬▢囚[一]。[二]

【簡釋】

［一］「囚」或比定作「禍」「咎」「憂」等字。

［二］本骨反面骨邊有兩道切口。又，《合補》誤以此片爲《歷藏》一四四六八（第二二二五頁），即《善齋》一四四六八。《善齋》一四四六八實物爲骨首，今藏國家圖書館。

【備注】

組類：無名

材質：牛肩胛骨

尺寸：長四・三、寬二・四厘米

著録：《謝》四七七、《合補》一〇八二七

來源：一九五七年三月十三日滬購

院藏號：新一六〇三一一

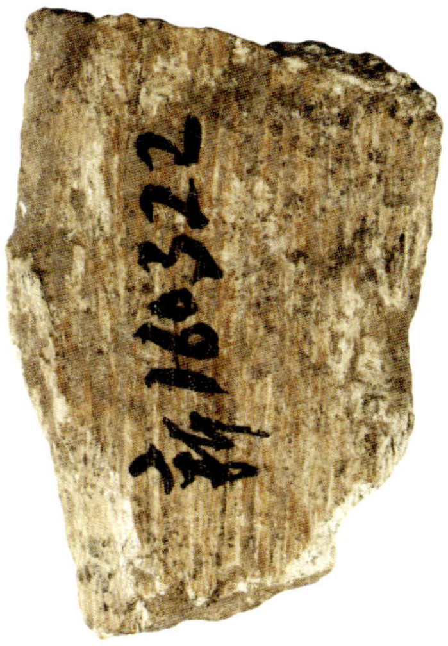

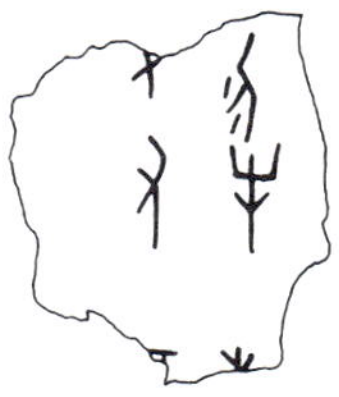

四二九　某日問用物受祐等事

本骨正面存辭二條。反面無字。

（一）［叀］☐□☐

（二）☐物，☐［受］又（祐）。

【備注】

組類：無名

材質：牛肩胛骨

尺寸：長二・六、寬一・七厘米

著録：《謝》二四四、《合》二九四九七

來源：一九五七年三月十三日滬購

院藏號：新一六〇三二二

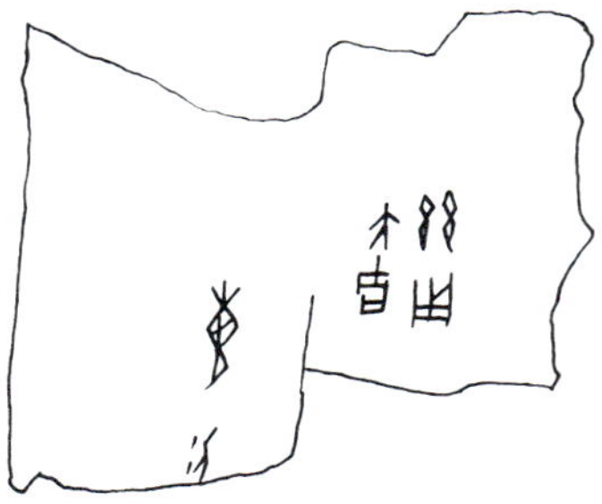

四三〇　某日問叀物茲用事

本骨正面存辭一條。反面無字。

（一）　叀[物]。茲用。　大吉

【備注】

組類：無名

材質：牛肩胛骨

尺寸：長三・七、寬四・二厘米

著録：《京》四五九五、《謝》五三四、《合》三一六九七

來源：一九五七年三月十三日滬購

院藏號：新一六〇二七二

四三一　吉字殘辭

本骨正面存辭一條。反面無字。

（一）〼吉

【備注】

組類：無名

材質：牛肩胛骨

尺寸：長三・一、寬二・〇厘米

著録：未見

來源：一九五七年三月十三日滬購

院藏號：新一六〇一四三

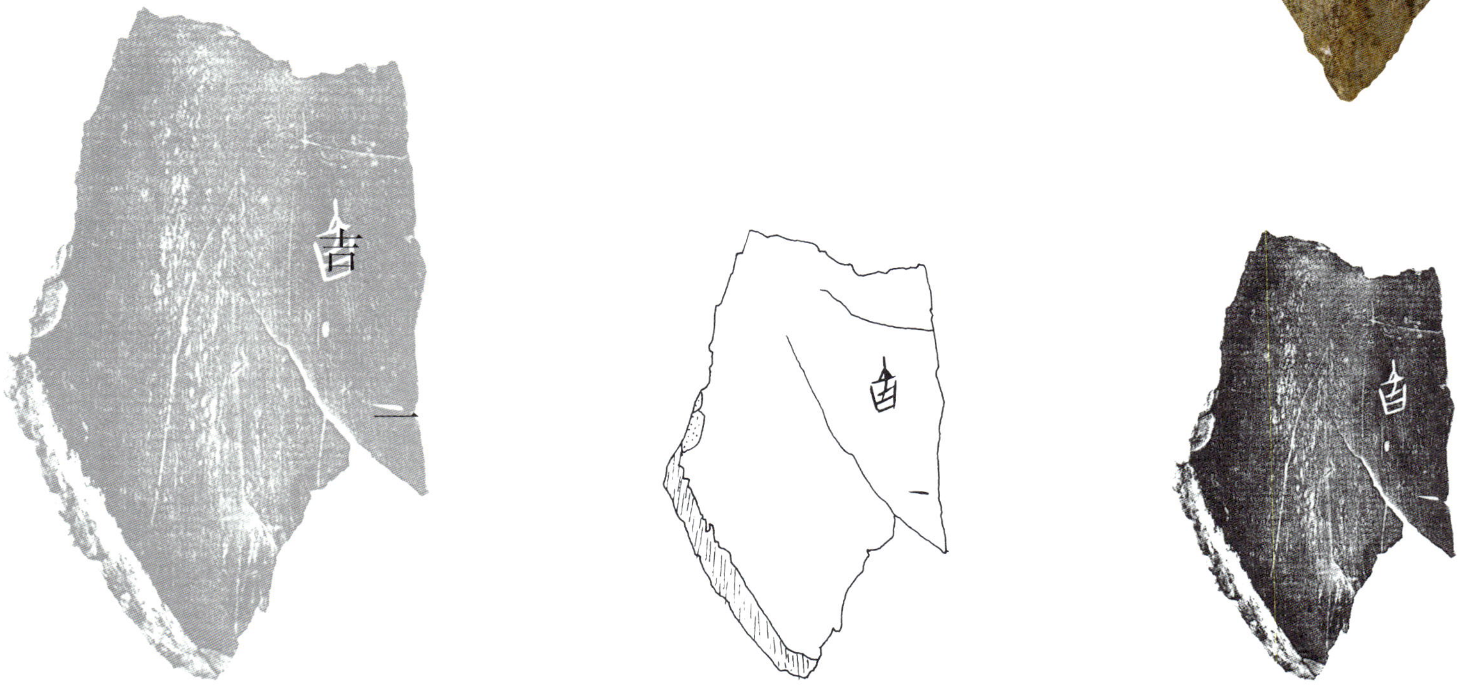

四三二一　吉一等字殘辭

本骨正面存辭一條。反面無字。

（一）　吉　一

【備注】

組類：無名

材質：牛肩胛骨

尺寸：長六・二、寬三・六厘米

著録：《謝》二三

來源：一九五七年三月十三日滬購

院藏號：新一六〇二〇八

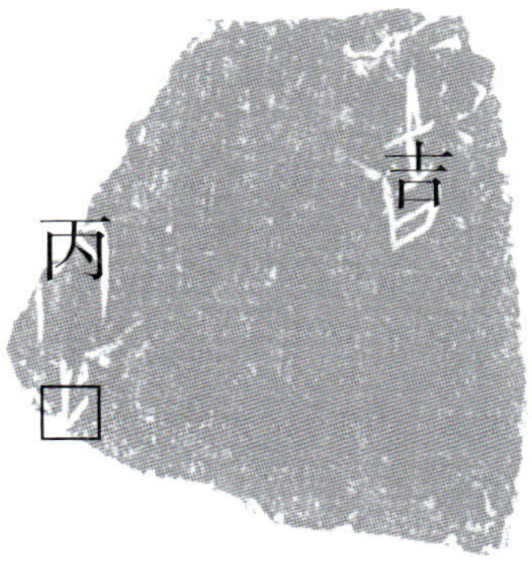

四三三　丙日問某吉事

本骨正面存辭二條。反面無字。

（一）［丙］□〼

（二）吉

【備注】

組類：無名

材質：牛肩胛骨

尺寸：長三・二、寬二・八厘米

著録：未見

來源：一九五七年三月十三日滬購

院藏號：新一六〇四七五

四三四　未日卜王其田亡災等事

本骨正面存辭二條。反面無字。

（一）戊辰☐

（二）☐[未]卜：☐王其[田]，亡𢦏(災)。

【備注】

組類：無名

材質：牛肩胛骨

尺寸：長三・三、寬二・二厘米

著録：《京》四五一六、《謝》四三三、《合補》九八一三、《合補》九八一五

來源：一九五七年三月十三日滬購

院藏號：新一六〇〇八八

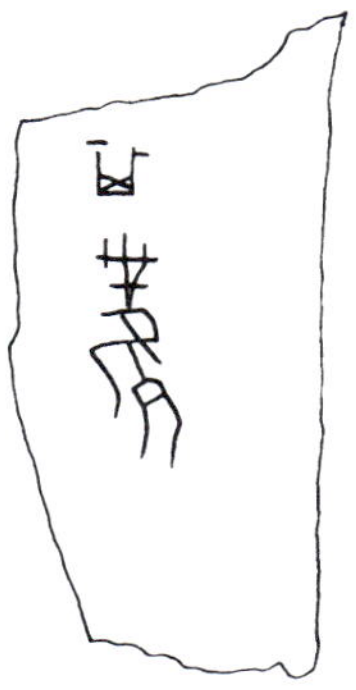

四三五　某日問其風事

本骨正面存辭一條。反面無字。

（一）〼其鳳（風）。

【備注】

組類：無名

材質：牛肩胛骨

尺寸：長四・六、寬二・〇厘米

著録：《京》三八八七、《謝》四二六、《合》三四〇三三

來源：一九五七年三月十三日滬購

院藏號：新一六〇三〇九

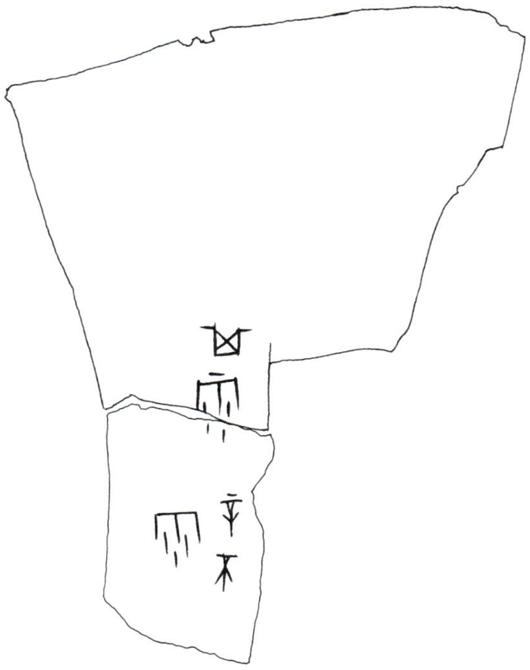

四三六　某日問辛日雨等事

本骨正面存辭二條。反面無字。

（一）辛不雨。

（二）其［雨］。〔一〕

【簡釋】

〔一〕本骨綴合詳見李愛輝綴，《拼集》第三三五則。

【備注】

組類：無名

材質：牛肩胛骨

尺寸：長九・〇、寬五・八厘米

著録：〔上部〕《京》三八二七、《謝》五〇五；〔左下〕《謝》四四一、《合》二九八八八

來源：一九五七年三月十三日滬購

院藏號：新一六〇一九八＋新一六〇四八三

其雨
辛不
雨

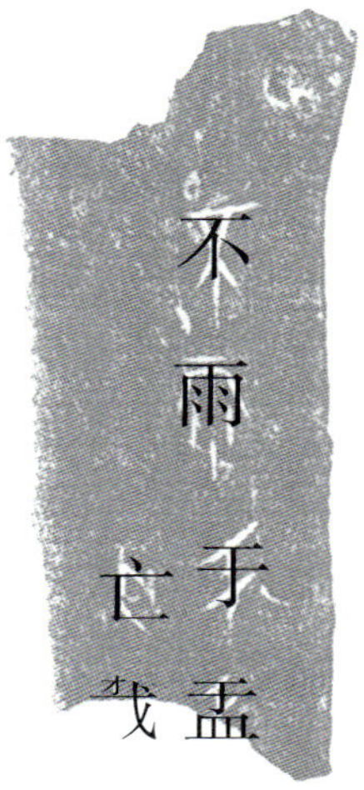

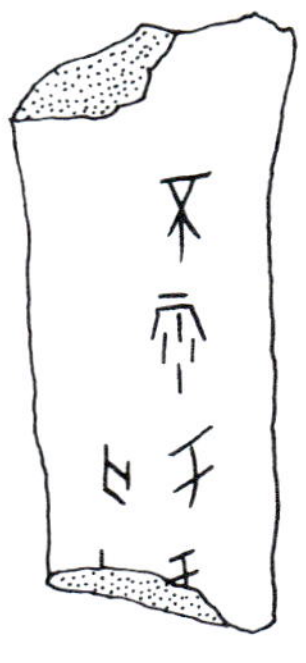

四三七　某日問于盂亡災與不雨等事

本骨正面存辭二條。反面無字。

（一）于［盂］☐亡［𢦏（災）］。

（二）不雨。

【備注】

組類：無名

材質：牛肩胛骨

尺寸：長四・三、寬一・五厘米

著録：《京》三八二五、《謝》三七一、《合》二九八三五

來源：一九五七年三月十三日滬購

院藏號：新一六〇〇七〇

四三八　某日問不遘雨與其遘雨等事

本骨正面存辭二條。反面無字。

（一）不遘［雨］。

（二）其遘雨。

【備注】

組類：無名

材質：牛肩胛骨

尺寸：長七・四、寬三・二厘米

著録：《京》三八五〇、《謝》五一〇、《合》三〇〇九八

來源：一九五七年三月十三日滬購

院藏號：新一六〇五二〇

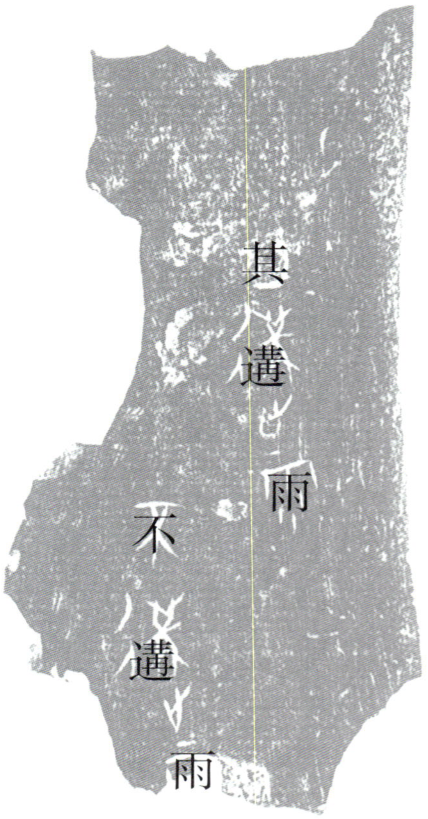
其遘雨
不遘雨

四三九　某日問其雨與不雨等事

本骨正面存辭三條。反面無字。

（一）其［雨］。

（二）不雨。

（三）☐☐☐

【備注】

組類：無名

材質：牛肩胛骨

尺寸：長五・一、寬一・八厘米

著録：《京》三八二六、《謝》五〇一、《合補》九四〇三

來源：一九五七年三月十三日滬購

院藏號：新一六〇二七六

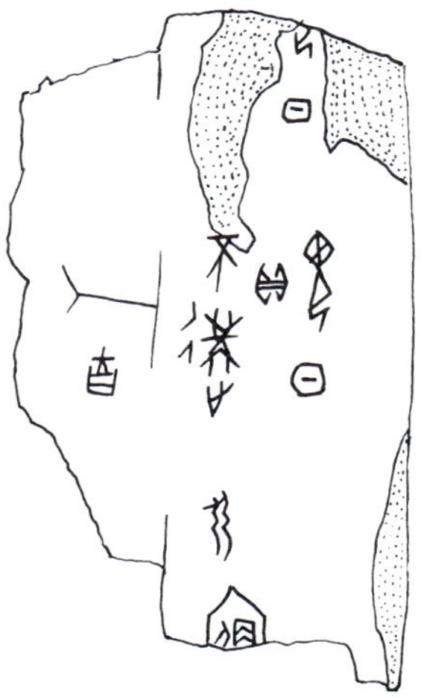

四四〇　某日問勿宿與不遘魄日等事

本骨正面存辭三條。反面無字。

（一）弜（勿）［宿］。

（二）不遘魄日。　吉

（三）☐［魄］日。

【備注】

組類：無名

材質：牛肩胛骨

尺寸：長六・三、寬二・六厘米

著録：《京》四三六四、《謝》二六、《合》二九七一一

來源：一九五七年三月十三日滬購

院藏號：新一六〇二四九

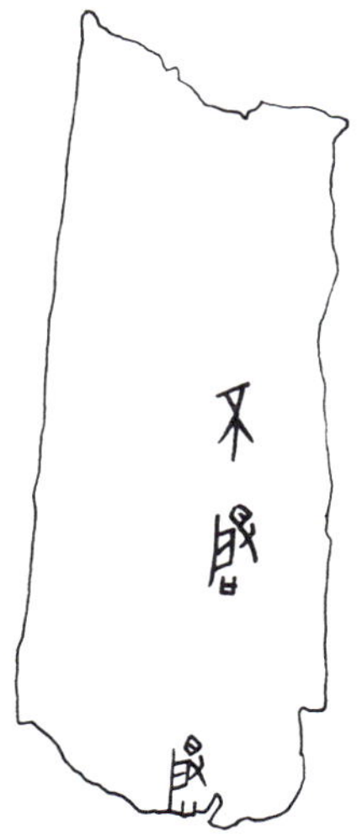

四四一　某日問啓與不啓等事

本骨正面存辭二條。反面無字。

（一）［啓(啓)］。

（二）不啓(啓)。

【備注】

組類：無名

材質：牛肩胛骨

尺寸：長六・七、寬二・〇厘米

著録：《京》三八〇五、《謝》五一一、《合》三〇二二〇

來源：一九五七年三月十三日滬購

院藏號：新一六〇三四〇

四四二一　某日卜王其呼防事

本骨正面存辭一條。反面無字。

（一）⊠卜：王其乎（呼）衛（防）〔一〕⊠

【簡釋】

〔一〕「衛」或讀爲「衛」。

【備注】

組類：無名

材質：牛肩胛骨

尺寸：長五・七、寬二・六厘米

著録：《京》四七八七、《謝》三三、《合》二七八二九、《合》二八〇六一

來源：一九五七年三月十三日滬購

院藏號：新一六〇二六〇

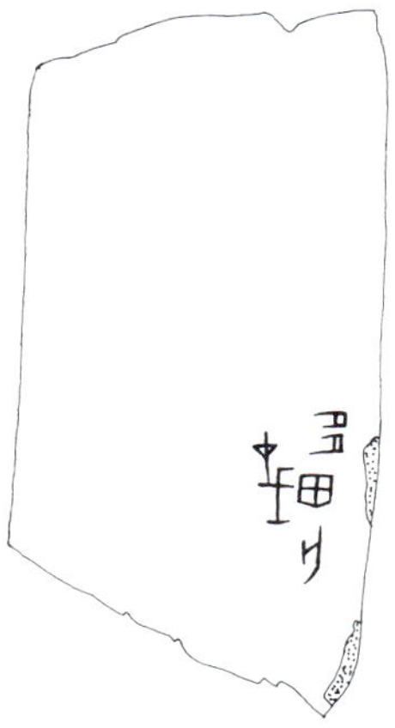

四四三　某日問多田亡災事

本骨正面存辭一條。反面無字。

（一）多田亡戋（災）。

【備注】

組類：無名

材質：牛肩胛骨

尺寸：長五・七、寬二・三厘米

著録：《京》四五六三、《謝》四三八、《合》二七八九二

來源：一九五七年三月十三日滬購

院藏號：新一六〇五一八

四四四　某日問紤七十事

本骨正面存辭一條。反面無字。

（一）□紤□七十[一]□

【簡釋】

[一]「七十」爲合文。又，本骨餘字疑僞刻。

【備注】

組類：無名

材質：牛肩胛骨

尺寸：長四・九、寬二・〇厘米

著録：《京》四九〇一、《謝》四二八、《合》三一八〇一

來源：一九五七年三月十三日滬購

院藏號：新一六〇二四〇

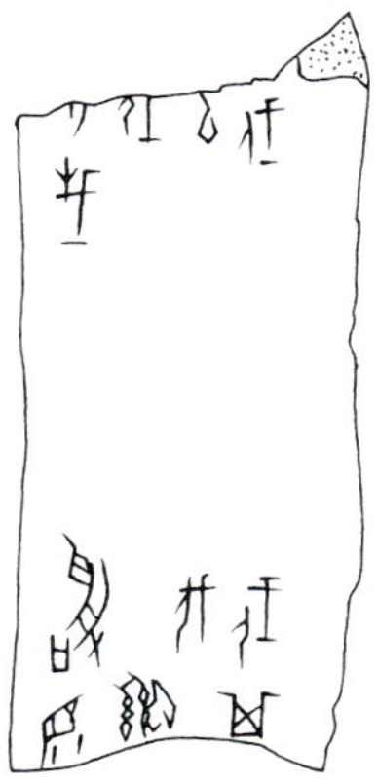

四四五　某日問戍其伐𢦏嗖罘等事

本骨正面存辭二條。反面無字。

（一）戍其伐𢦏☐嗖罘☐

（二）☐戍☐☐吕（以）☐［伐］☐［亡］戋（災）。

【備注】

組類：無名

材質：牛肩胛骨

尺寸：長五・四、寬二・〇厘米

著録：《京》四三七一、《謝》四六二、《合》二八〇五二

來源：一九五七年三月十三日滬購

院藏號：新一六〇二七三

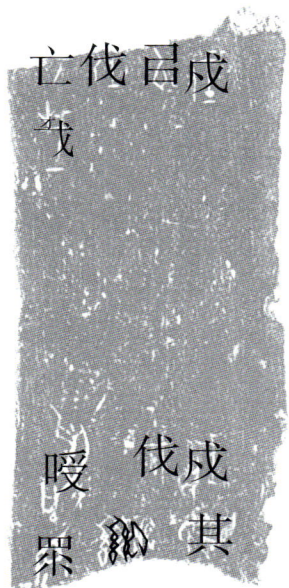

四四六　某日問比先馬其雨等事

本骨正面存辭二條。反面無字。

（一）庚午［卜］☐

（二）比先馬，其雨。

【備注】

組類：無名

材質：牛肩胛骨

尺寸：長七・七、寬二・一厘米

著録：《京》三八一七、《謝》四二四、《合》二七九五五

來源：一九五七年三月十三日滬購

院藏號：新一六〇二七〇

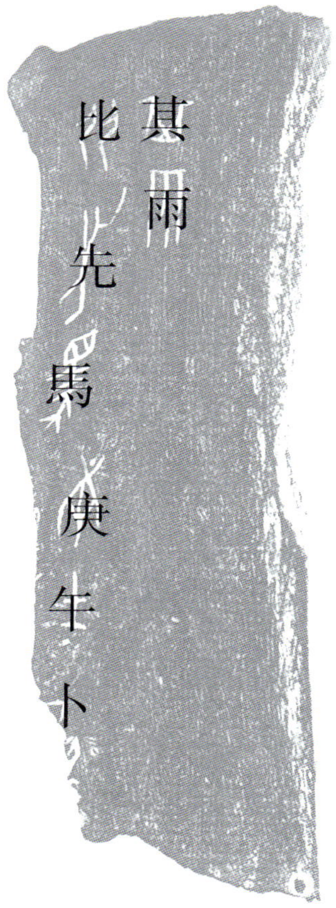
其雨
比先馬庚午卜

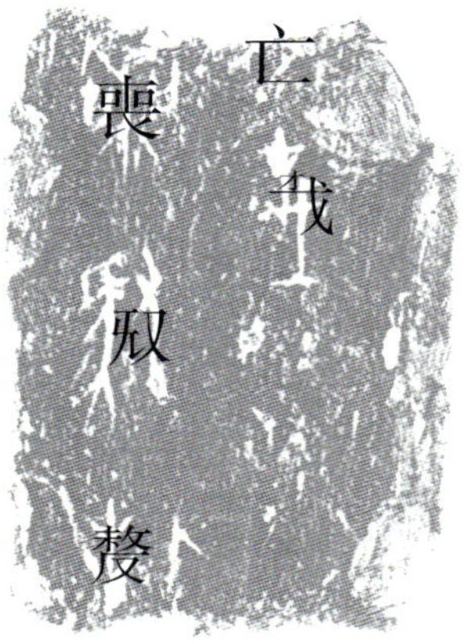

四四七　某日問于喪亡災等事

本骨正面存辭二條。反面無字。

（一）☐喪☐［亡］戋（災）。

（二）叔［嫠］。

【備注】

組類：無名

材質：牛肩胛骨

尺寸：長三・七、寬二・〇厘米

著録：《謝》一四八、《合補》一〇二七五

來源：一九五七年三月十三日滬購

院藏號：新一六〇四八一

四四八　某日間伐丁廼比事

本骨正面存辭一條。反面無字。

（一）　〼□伐丁廼比〼

【備注】

組類：無名

材質：牛肩胛骨

尺寸：長四·七、寬三·一厘米

著録：《京》四一〇七、《謝》三五、《合》二八〇六九

來源：一九五七年三月十三日滬購

院藏號：新一六〇四五八

四四九 某日問庚有來告事

本骨正面存辭一條。反面無字。

（一） 庚又（有）來告。

【備注】

組類：無名

材質：牛肩胛骨

尺寸：長六・二、寬二・四厘米

著録：《謝》四四八、《合》二八〇二五

來源：一九五七年三月十三日滬購

院藏號：新一六〇二六七

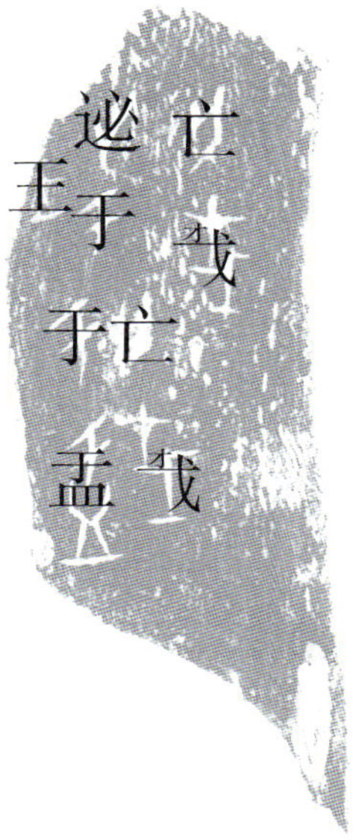

四五〇 某日問于盂亡災等事

本骨正面存辭二條。反面無字。

（一）于盂，亡𢦏（災）。

（二）☐王☐［逖］于☐亡𢦏（災）。

【備注】

組類：無名

材質：牛肩胛骨

尺寸：長五・一、寬一・六厘米

著録：《京》四四三九、《謝》四〇〇、《合》二九一二六

來源：一九五七年三月十三日滬購

院藏號：新一六〇四六七

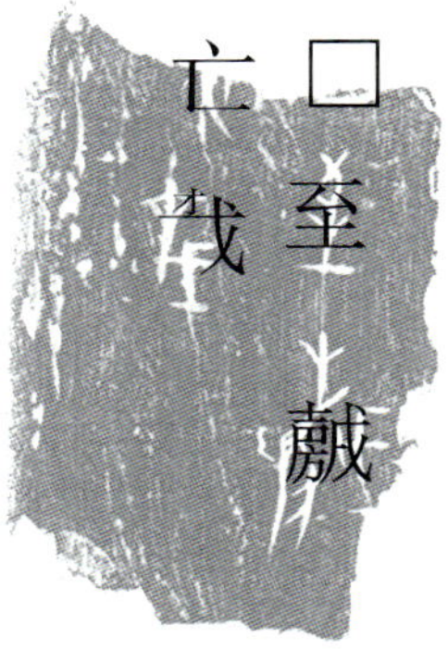

四五一　某日問至戠亡災事

本骨正面存辭一條。反面無字。

（一）〼□至戠〼［亡］戈（災）。

【備注】

組類：無名

材質：牛肩胛骨

尺寸：長三・二、寬一・八厘米

著録：《京》四六〇六、《謝》一六六、《合》二八八八七

來源：一九五七年三月十三日滬購

院藏號：新一六〇四五六

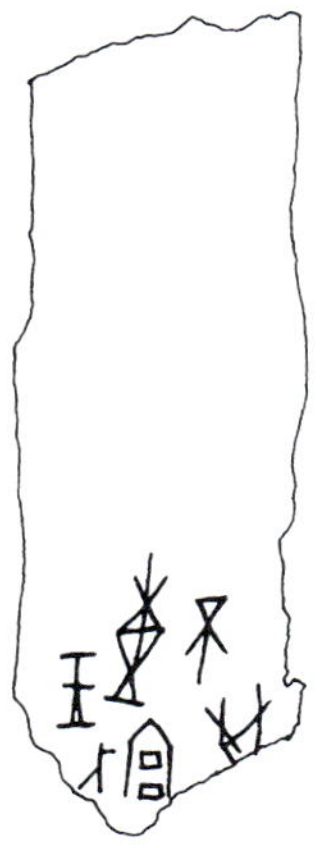

四五二　某日問王其叀宮不遘事

本骨正面存辭一條。反面無字。

（一）　王［其］☐叀宮☐不［冓（遘）］☐

【備注】

組類：無名

材質：牛肩胛骨

尺寸：長五・七、寬一・七厘米

著録：《京》四四二八、《謝》四九九、《合》二九一八六

來源：一九五七年三月十三日滬購

院藏號：新一六〇二六四

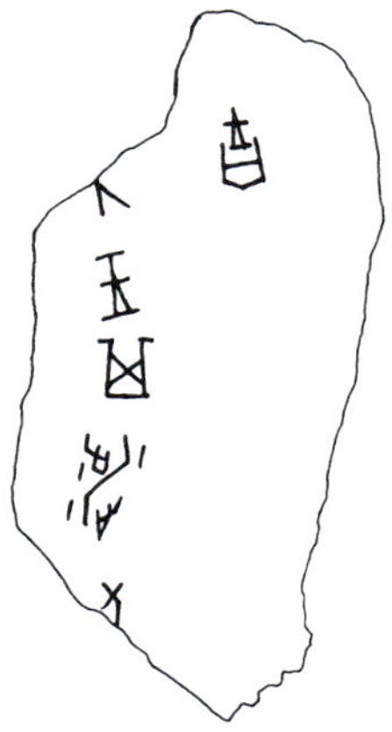

四五三　某日卜王其涉事

本骨正面存辭一條。反面無字。

（一）〼卜：王其涉□〼　吉

【備注】

組類：無名

材質：牛肩胛骨

尺寸：長五・六、寬二・七厘米

著録：《京》四六〇三、《謝》一二八、《合》二七八〇三

來源：一九五七年三月十三日滬購

院藏號：新一六〇二九五

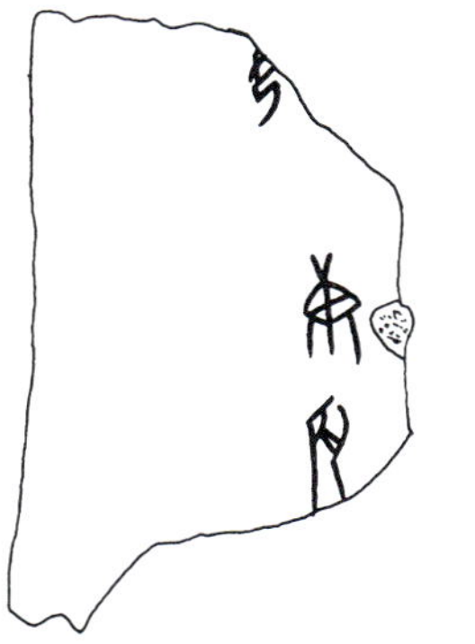

四五四　庚辰問某事

本骨正面存辭二條。反面無字。

（一）庚辰☐

（二）☐［每（悔）］。

【備注】

組類：無名

材質：牛肩胛骨

尺寸：長四・八、寬二・五厘米

著録：《謝》四七八

來源：一九五七年三月十三日滬購

院藏號：新一六〇四六二

四五五　辛丑卜于西寢與東寢等事

本骨正面存辭三條。反面無字。

（一）辛丑［卜］：于西［寢］。

（二）于東寢。

（三）☐［丑］卜：☐☐其☐

【備注】

組類：無名

材質：牛肩胛骨

尺寸：長八・九、寬二・〇厘米

著録：《京》四六一四、《謝》五二三、《合》三四〇六七

來源：一九五七年三月十三日滬購

院藏號：新一六〇三五〇

□其寢于西寢
丑卜于東
辛丑卜

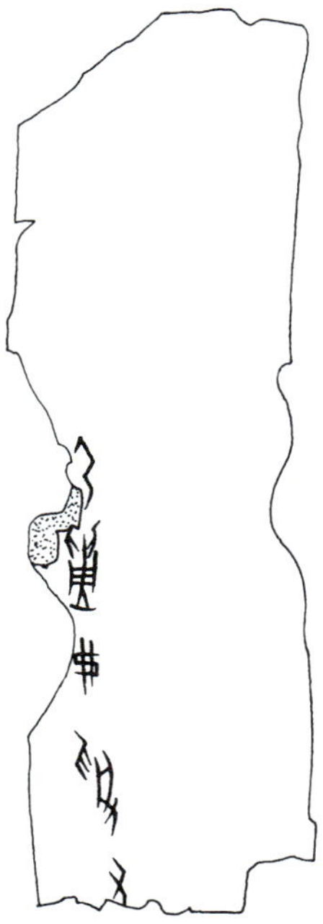

四五六　某日問勿量弗受有年事

本骨正面存辭一條。反面無字。

（一）［弜（勿）］量[一]，弗受［又（有）］☐

【簡釋】

［一］「量」或比定作「壅」字。

【備注】

組類：無名

材質：牛肩胛骨

尺寸：長八・六、寬二・五厘米

著録：《京》四四九五、《謝》五三〇、《合》二八一九九

來源：一九五七年三月十三日滬購

院藏號：新一六〇〇〇一

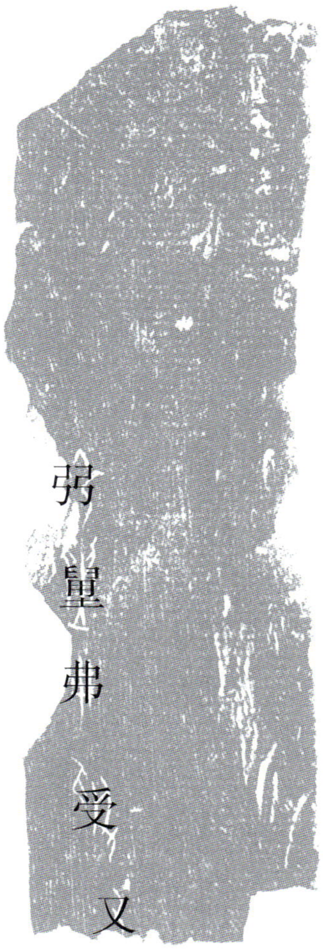
弜
皇
弗
受
又

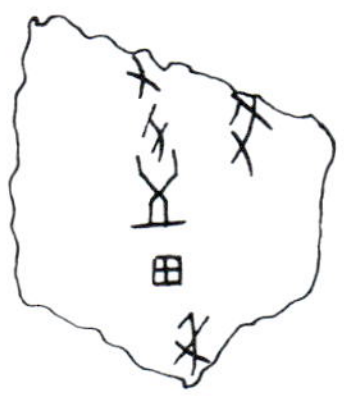

四五七　某日問受盂田年等事

本骨正面存辭二條。反面無字。

（一）☐［受］盂田［年］。

（二）☐［年］。

【備注】

組類：無名

材質：牛肩胛骨

尺寸：長二・六、寬二・六厘米

著録：《京》四四三七、《謝》一五〇、《合》二九一一二

來源：一九五七年三月十三日滬購

院藏號：新一六〇三六三

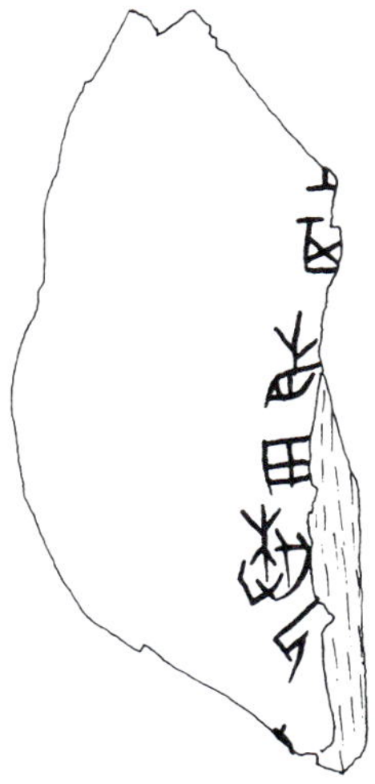

四五八　某日問王其省田夙某事

本骨正面存辭一條。反面無字。

（一）［王］其省田，枫(夙)□☒

【備注】

組類：無名

材質：牛肩胛骨

尺寸：長六・六，寬二・八厘米

著録：《京》四五七一、《謝》二一、《合》二八六二九

來源：一九五七年三月十三日滬購

院藏號：新一六〇二四五

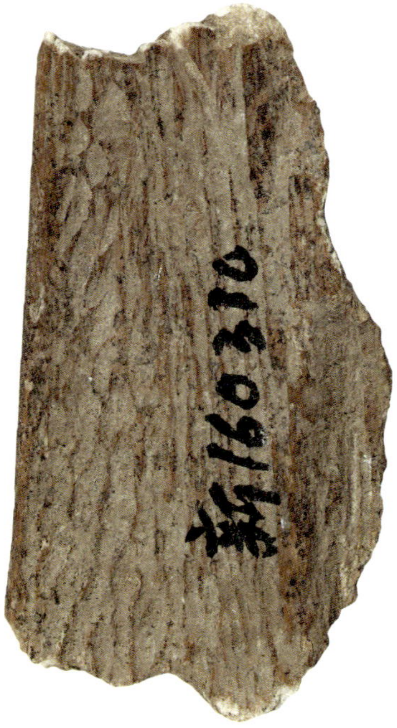

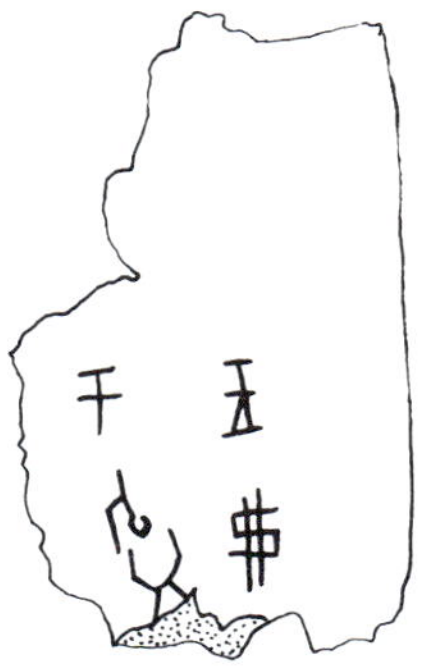

四五九　某日問于䀆王弗事

本骨正面存辭一條。反面無字。

（一）　于䀆☐王弗☐

【備注】

組類：無名

材質：牛肩胛骨

尺寸：長四・四、寬二・二厘米

著録：《謝》三八六

來源：一九五七年三月十三日滬購

院藏號：新一六〇三一〇

四六〇　某日問田盄擒等事

本骨正面存辭二條。反面無字。

（一）弜（勿）☐亡☐

（二）叀盄田，毕（擒）。

【備注】

組類：無名

材質：牛肩胛骨

尺寸：長五·七、寬一·六厘米

著録：《京》四四五二、《謝》四五八、《合》二九二七七

來源：一九五七年三月十三日滬購

院藏號：新一六〇三七一

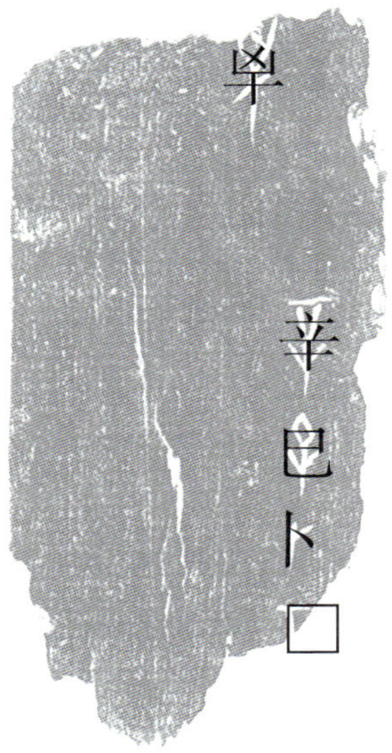

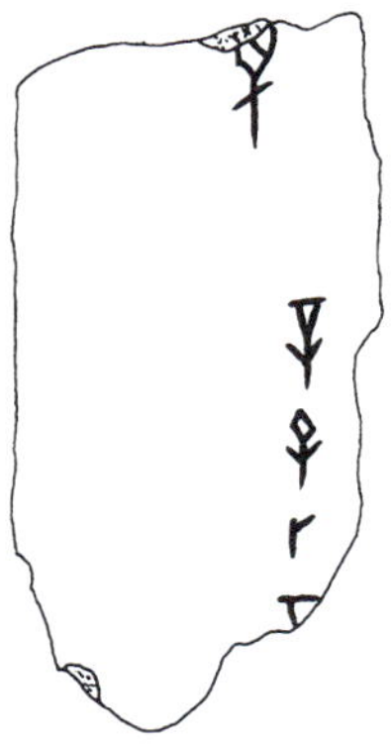
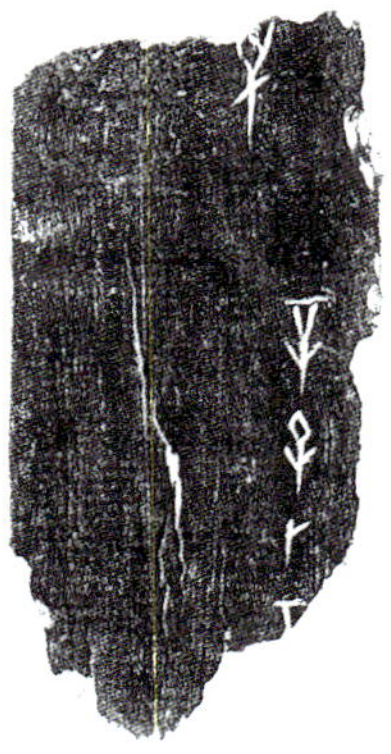

四六一　辛巳卜與擒等事

本骨正面存辭二條。反面無字。

（一）辛巳卜：□☐

（二）☐［毕（擒）］。

【備注】

組類：無名

材質：牛肩胛骨

尺寸：長五・〇、寬二・四厘米

著録：《謝》四三四

來源：一九五七年三月十三日滬購

院藏號：新一六〇二五三

四六二　丁丑卜翌日與擒等事

本骨正面存辭四條。反面無字。

（一）［丁］丑卜：翼（翌）☐

（二）𣦼[𣏟夊]。

（三）毕（擒）。

（四）不毕（擒）。〔一〕

【簡釋】

〔一〕本骨綴合詳見李愛輝綴，《甲骨拼合第四〇一至四〇七則》第四〇四則。

【備注】

組類：無名

材質：牛肩胛骨

尺寸：長一〇・五、寬二・二厘米

著録：〔上半〕《京》四五五五、《謝》四五七、《合》二八八六二；〔下半〕《京》四九六七、《謝》二三四

來源：一九五七年三月十三日滬購

院藏號：新一六〇五一三＋新一六〇〇八七

叔
丁丑卜還
不𡆥
𡆥
婺

四六三　某日問于壬擒事

本骨正面存辭一條。反面無字。

（一）　于壬𢀛(擒)。

【備注】

組類：無名

材質：牛肩胛骨

尺寸：長三・八、寬一・九厘米

著録：《京》四五五一、《謝》四一五、《合》二八八四一

來源：一九五七年三月十三日滬購

院藏號：新一六〇二八三

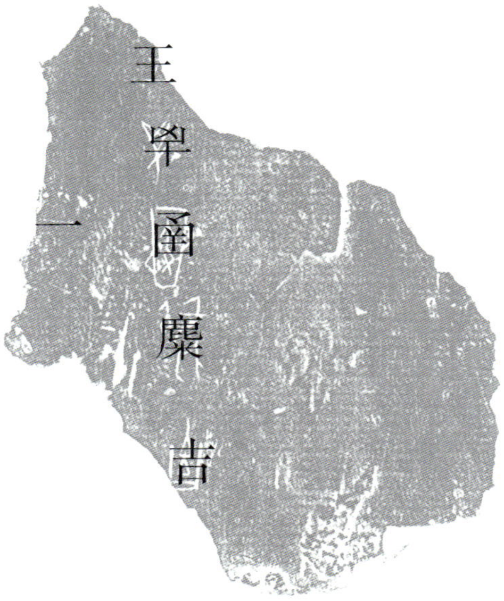

四六四　某日問王擒函麋事

本骨正面存辭一條。反面無字。

（一）☑[王]𢀛(擒)函麋。吉　一

【備注】

組類：無名

材質：牛肩胛骨

尺寸：長五・一、寬四・三厘米

著録：《京》四四六七、《謝》一二七、《合》二八三七三

來源：一九五七年三月十三日滬購

院藏號：新一六〇二七五

四六五　某日問其西逐又麋亡災擒事

本骨正面存辭一條。反面無字。

（一）　其西逐又麋☐𢦏（災），毕（擒）。

【備注】

組類：無名

材質：牛肩胛骨

尺寸：長二・六、寬一・九厘米

著録：《京》四五〇三、《謝》三八七、《合》二八三五六

來源：一九五七年三月十三日滬購

院藏號：新一六〇〇五四

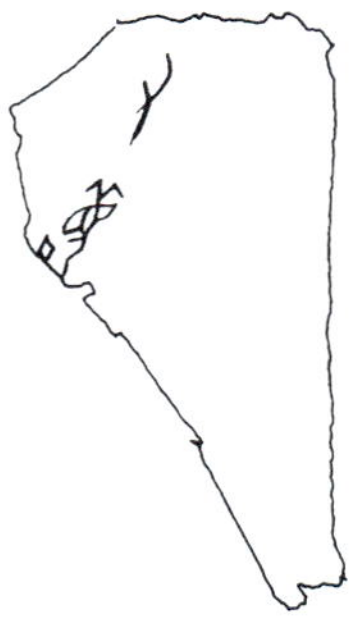

四六六　某日問有〓事

本骨正面存辭一條。反面無字。

（一）〼又（有）〓〔一〕〼

【簡釋】

〔一〕「〓」爲新見字形，从「莧」。

【備注】

組類：無名

材質：牛肩胛骨

尺寸：長四・一、寬二・三厘米

著録：《謝》三八四

來源：一九五七年三月十三日滬購

院藏號：新一六〇二三〇

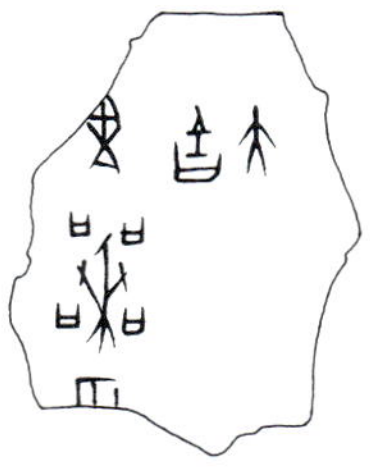

四六七　某日問田于喪事

本骨正面存辭一條。反面無字。

（一）叀喪［田］☐　大吉

【備注】

組類：無名

材質：牛肩胛骨

尺寸：長三・一、寬二・三厘米

著録：《謝》一四、《合》二九〇〇〇

來源：一九五七年三月十三日滬購

院藏號：新一六〇一四六

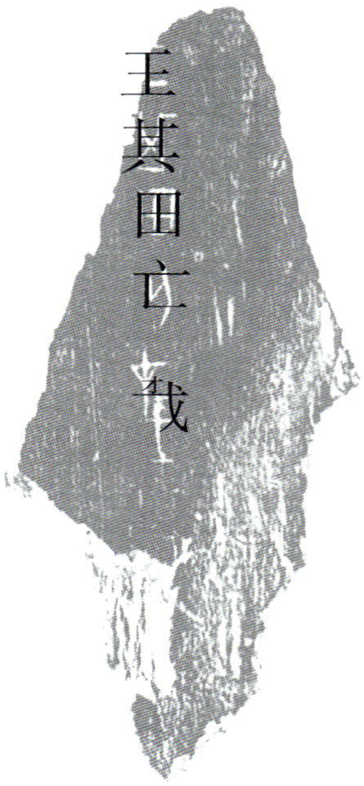

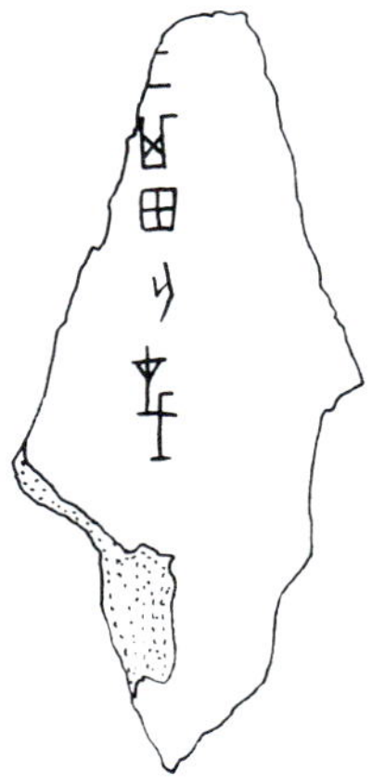

四六八　某日問王其田亡災事

本骨正面存辭一條。反面無字。

（一）☑［王］其田，亡𢦏（災）。

【備注】

組類：無名

材質：牛肩胛骨

尺寸：長五・六、寬二・〇厘米

著録：《京》四五一五、《謝》一五、《合補》九〇七五、《合補》九八一四

來源：一九五七年三月十三日滬購

院藏號：新一六〇三六七

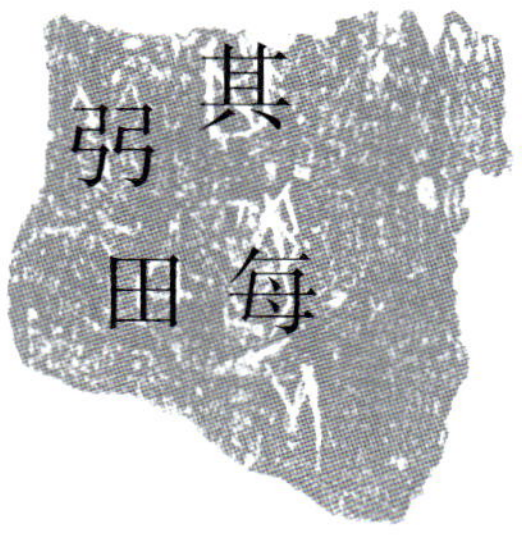

四六九　某日問勿田其悔事

本骨正面存辭一條。反面無字。

（一）弜（勿）田，其每（悔）。

【備注】

組類：無名

材質：牛肩胛骨

尺寸：長二・四、寬二・一厘米

著録：未見

來源：一九五七年三月十三日滬購

院藏號：新一六〇四五一

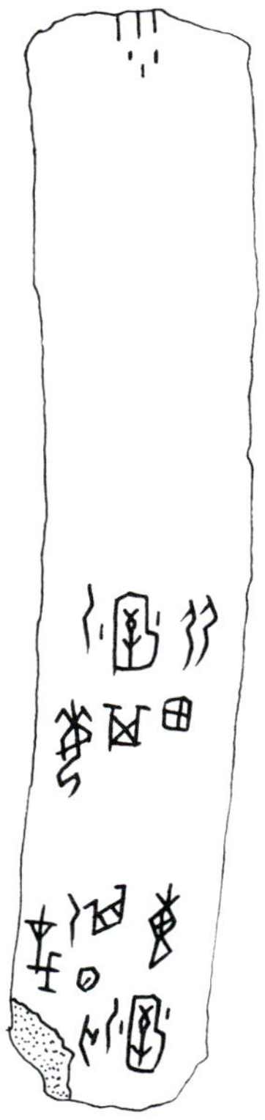

四七〇 某日問叀涵湄日亡災與勿田涵其悔等事

本骨正面存辭三條。反面無字。

（一）叀涵，湄日亡𢦏（災）。

（二）弜（勿）田涵，其每（悔）。

（三）☐［雨］。

【備注】

組類：無名

材質：牛肩胛骨

尺寸：長一〇・三、寬一・九厘米

著録：《京》四四六六、《謝》五一五、《合》二九三四五

來源：一九五七年三月十三日滬購

院藏號：新一六〇五二三

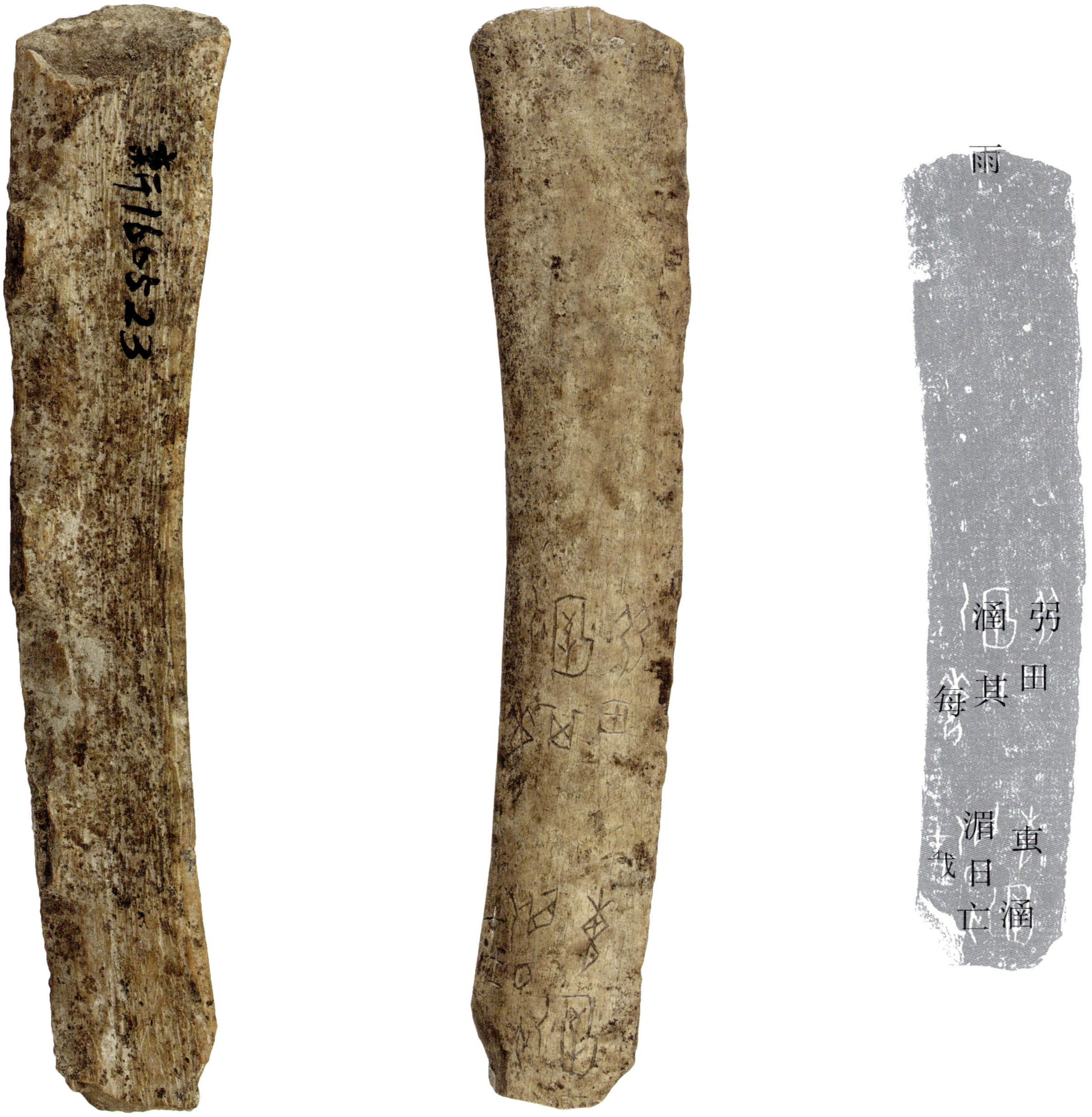
雨
弜田
涵其每
叀涵
湄日亡𢦏

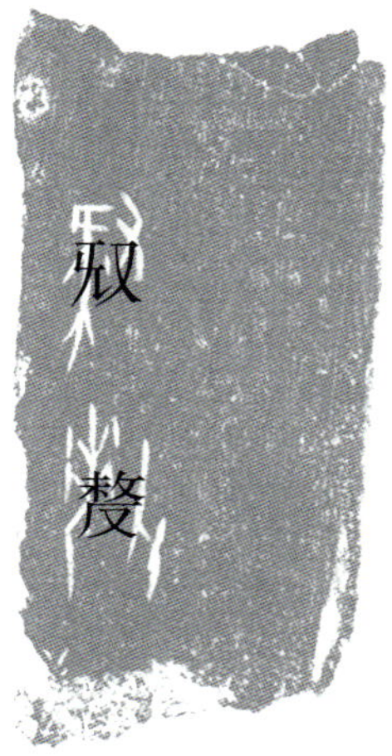

四七一　𣦼⿱林夊殘辭

本骨正面存辭一條。反面無字。

（一）　𣦼⿱林夊。

【備注】

組類：無名

材質：牛肩胛骨

尺寸：長四・一、寬一・九厘米

著録：《謝》四二五

來源：一九五七年三月十三日滬購

院藏號：新一六〇三〇三

四七二　兹用吉等字殘辭

本骨正面存辭一條。反面無字。

（一）兹［用］。吉

【備注】

組類：無名

材質：牛肩胛骨

尺寸：長二・二、寬一・六厘米

著録：《謝》二七一

來源：一九五七年三月十三日滬購

院藏號：新一六〇〇八四

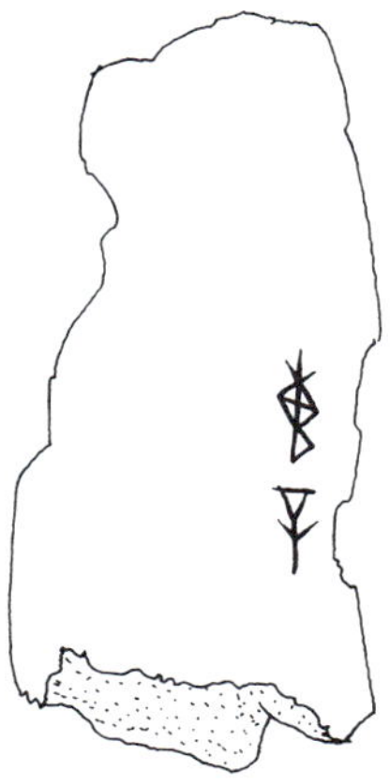

四七三　某日問叀辛日事

本骨正面存辭一條。反面無字。

（一）　叀辛。

【備注】

組類：無名

材質：牛肩胛骨

尺寸：長五・六、寬二・一厘米

著録：《謝》五〇〇

來源：一九五七年三月十三日滬購

院藏號：新一六〇〇二一

四七四　丙申問某等事

本骨正面存辭二條。反面無字。

（一）　丙申□〼

（二）　〼示。

【備注】

組類：無名

材質：牛肩胛骨

尺寸：長四・七、寬二・〇厘米

著録：《謝》二三三

來源：一九五七年三月十三日滬購

院藏號：新一六〇二七七

四七五　戌日卜弗其某事

本骨正面存辭一條。反面無字。

（一）□戌卜：弗其☒

【備注】

組類：無名

材質：牛肩胛骨

尺寸：長五・四、寬一・七厘米

著録：《謝》三九七

來源：一九五七年三月十三日滬購

院藏號：新一六〇三六六

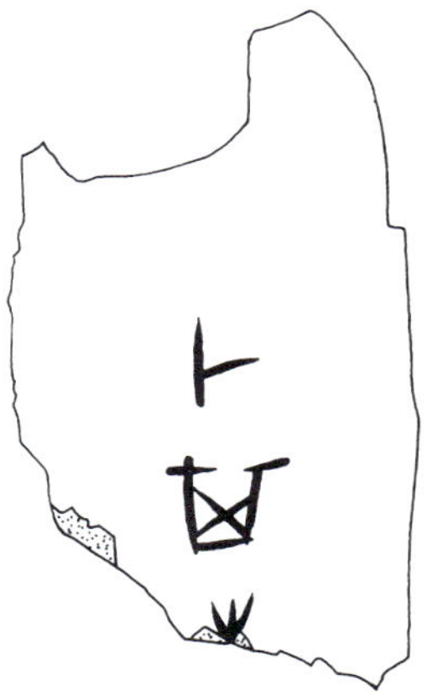

四七六　某日卜其某事

本骨正面存辭一條。反面無字。

（一）⧄卜：其□⧄

【備注】

組類：無名

材質：牛肩胛骨

尺寸：長五・六、寬三・〇厘米

著録：《謝》二五

來源：一九五七年三月十三日滬購

院藏號：新一六〇二四一

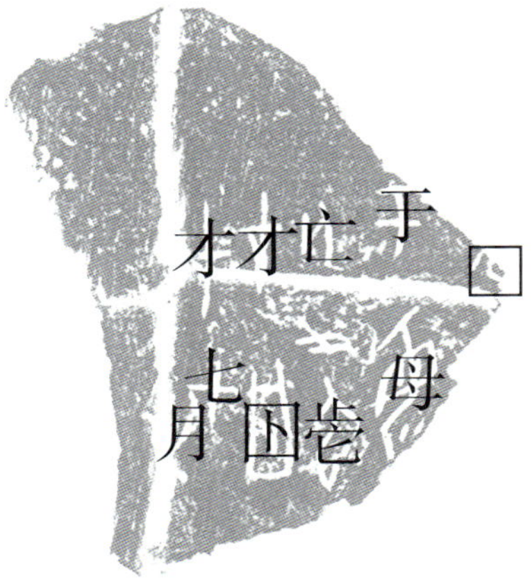

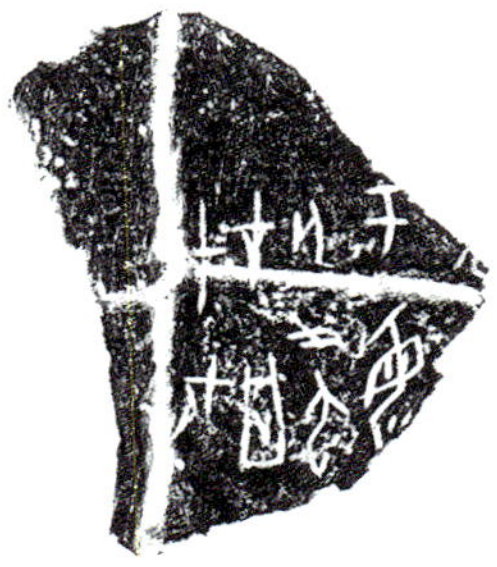

四七七　七月某日問母某亡壱在𡆥事

本甲正面存辭一條。反面無字。

（一）☐☐☐于母☐亡壱[一]才（在）𡆥。才（在）七月[二]。

【簡釋】

[一]「壱」或比定作「蚩」字，讀爲「害」。

[二]「七月」爲合文。

【備注】

組類：何組

材質：龜腹甲

尺寸：長三・八、寬三・一厘米

著録：《合》二三四六三

來源：一九五七年三月十三日滬購

院藏號：新一六〇二二〇

四七八　酉日卜禱于辛事

本甲正面存辭一條。反面無字。

（一）☑酉卜：桒（禱）☑于辛。　三

【備注】

組類：何組

材質：龜腹甲

尺寸：長二・五、寬二・六厘米

著録：《京》四二五〇、《謝》一三二、《合補》九六一五

來源：一九五七年三月十三日滬購

院藏號：新一六〇四五三

四七九　某日問辛雨等事

本甲正面存辭二條。反面無字。

（一）［辛］雨。一

（二）庚〔一〕□☒

【簡釋】

〔一〕「庚」字下有刮削改刻痕迹。

【備注】

組類：事何

材質：龜腹甲

尺寸：長二・九、寬二・〇厘米

著録：《謝》二九四

來源：一九五七年三月十三日滬購

院藏號：新一六〇一九一

四八〇　癸巳癸未等日卜何貞旬事

本骨正面存辭二條。反面無字。

（一）癸巳卜，何貞：旬□

（二）［癸未］卜，［何］□[一]

【簡釋】

〔一〕本骨字口填墨。

【備注】

組類：事何

材質：牛肩胛骨

尺寸：長七・四、寬三・七厘米

著録：未見

來源：一九五七年三月十三日滬購

院藏號：新一六〇〇〇六

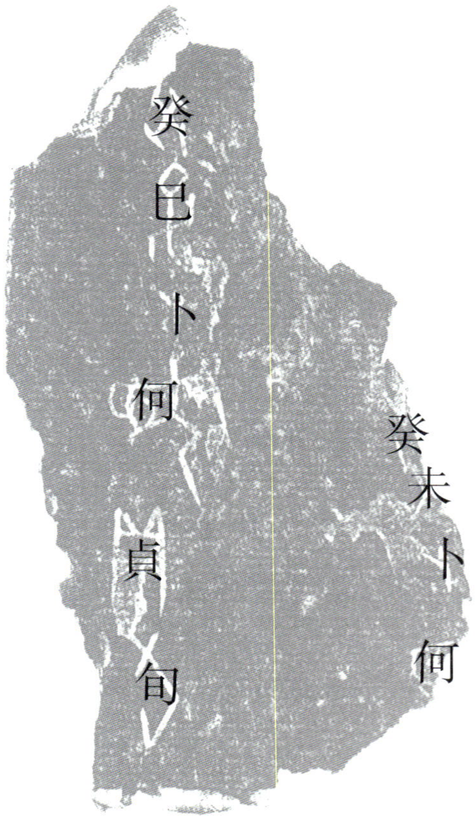
癸未卜何
癸巳卜何貞旬

四八一　甲辰卜貞王儐小甲壹亡猒事

本甲正面存辭二條。反面無字。

（一）甲辰卜，貞：王宾(儐)小甲〔一〕壹亡[猒]〔二〕。

（二）☐貞☐

【簡釋】

〔一〕「小甲」爲合文。

〔二〕「猒」或比定作「禍」「咎」「憂」等字。又，本甲綴合詳見門藝綴，《綴彙》第七四九組。

【備注】

組類：黄組

材質：龜背甲

尺寸：長三・一、寬二・五厘米

著録：〔上半〕《合補》一一六九五；〔下半〕《合》三五五九六

來源：一九五七年三月十三日滬購

院藏號：新一六〇二三七＋新一六〇〇一四

四八二　五月癸丑卜在霍貞王旬亡猒與祭羌甲戔甲等事

本骨正面存辭二條。反面無字。

（一）癸丑卜，才（在）霍［貞］：［王］旬亡猒〔一〕。才（在）五月。甲寅☑羗（羌）甲，亯［戔甲］。

（二）☑［祭］☑［羗（羌）］甲☑［戔］甲。

〔二〕

【簡釋】

〔一〕「猒」或比定作「禍」「咎」「憂」等字。

〔二〕本骨可綴《合》三五八八七，綴後即《合補》一〇九八六，又可加綴《合》三八三〇六。詳見《合集來源表》第九一一頁。

【備注】

組類：黃組

材質：牛肩胛骨

尺寸：長六・三、寬一・六厘米

著録：《合》三五六九九、《合補》一〇九八六下半

來源：一九五七年三月十三日滬購

院藏號：新一六〇五〇一

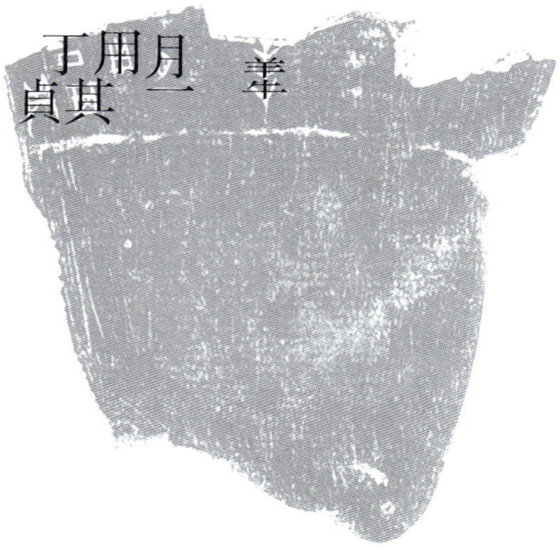

四八三　一月某日貞礿其等事

本甲正面存辭二條。反面無字。

（一）☐貞☐丁（礿）其☐用。☐一月〔一〕。

（二）☐［羊］。

【簡釋】

〔一〕「一月」原寫作「月一」，爲合文。

【備注】

組類：黄組

材質：龜腹甲

尺寸：長四・六、寬四・五厘米

著録：《合》三七三六一

來源：一九五七年三月十三日滬購

院藏號：新一六〇二九六

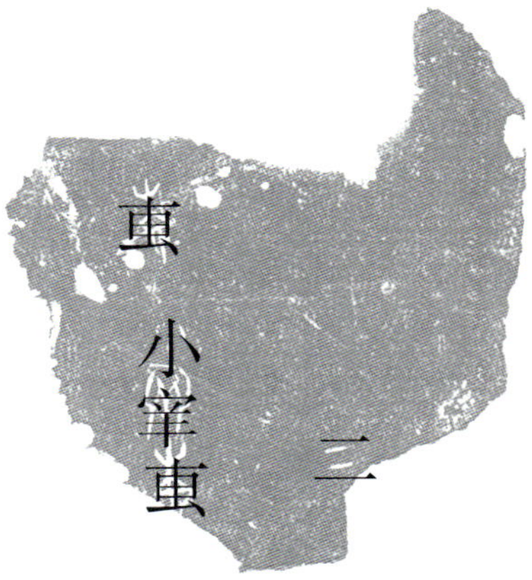

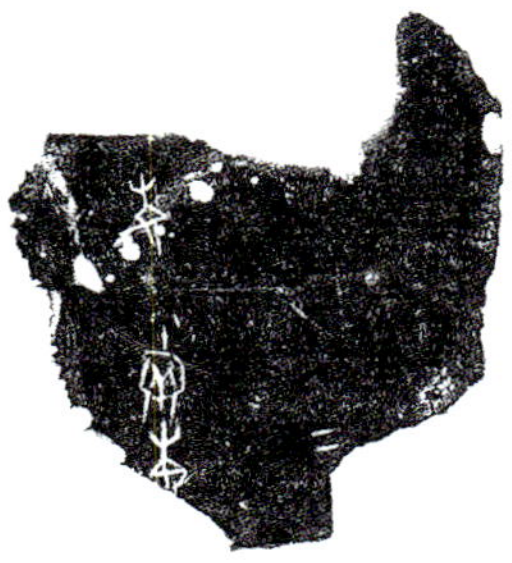

四八四　某日問叀小宰等事

本甲正面存辭二條。反面無字。

（一）［叀］☐　二

（二）叀〔一〕小宰。

【簡釋】

〔一〕「叀」字下有改刻痕迹。

【備注】

組類：黄組

材質：龜腹甲

尺寸：長三・七、寬三・七厘米

著録：《合》三七二九八

來源：一九五七年三月十三日滬購

院藏號：新一六〇二二一

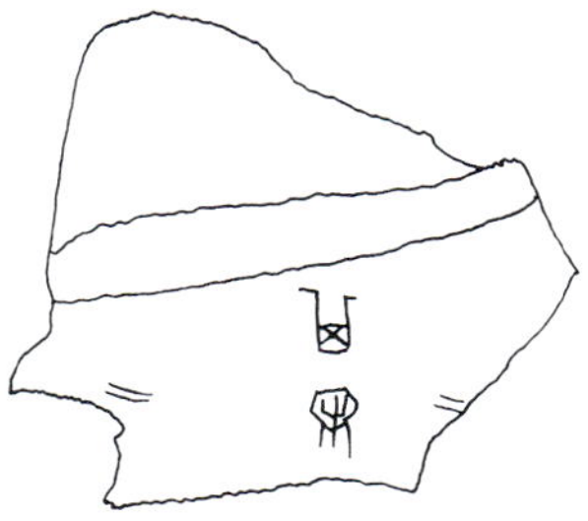

四八五　某日問其牢等事

本甲正面存辭二條。反面無字。

（一）其牢。二

（二）二

【備注】

組類：黃組

材質：龜腹甲

尺寸：長三·五、寬三·六厘米

著録：《合》三七二七〇

來源：一九五七年三月十三日滬購

院藏號：新一六〇二二二

四八六　某日問牢事

本甲正面存辭一條。反面無字。

（一）牢。

【備注】

組類：黄組

材質：龜背甲

尺寸：長三・〇、寬四・四厘米

著録：未見

來源：一九五七年三月十三日滬購

院藏號：新一六〇二五四

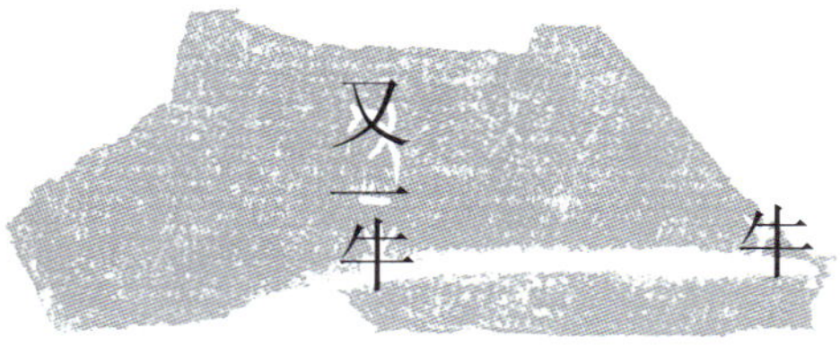

四八七　某日問又一牛等事

本甲正面存辭二條。反面無字。

（一）☐又一牛。

（二）☐［牛］。

【備注】

組類：黃組

材質：龜腹甲

尺寸：長一・七、寬四・三厘米

著録：未見

來源：一九五七年三月十三日滬購

院藏號：新一六〇〇一九

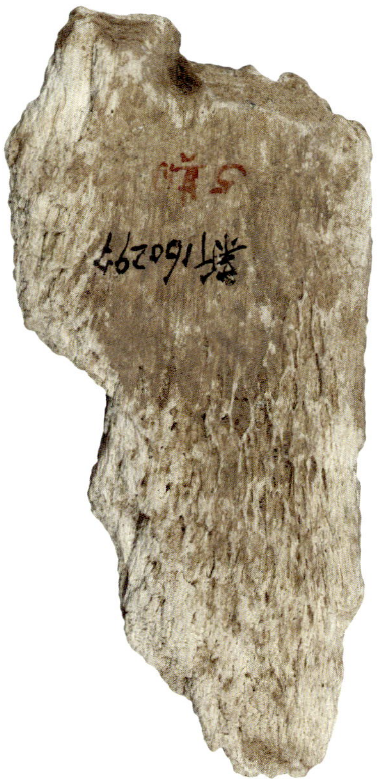

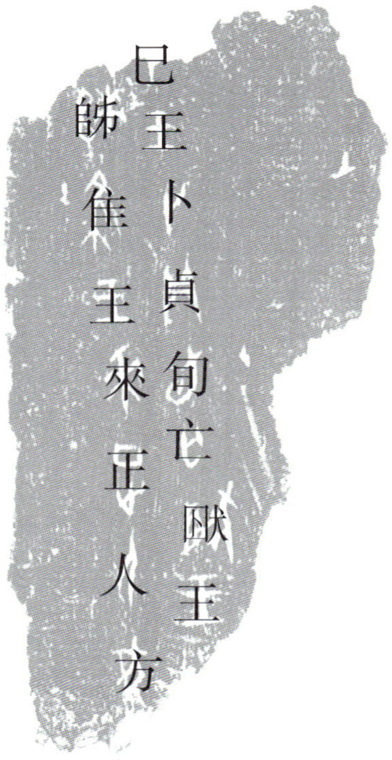

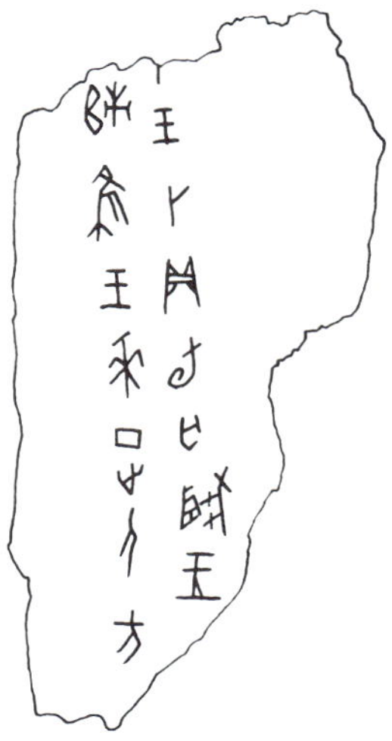

四八八　某日王卜貞旬亡畎王來征人方事

本骨正面存辭一條。反面無字。

（一）　☐[巳]王卜，貞：旬亡畎[一]。王☐師（次），隹（唯）王來正（征）人方。[二]

【簡釋】

[一]「畎」或比定作「禍」「咎」「憂」等字。

[二]本甲可綴《合》三六八〇三，綴合後釋文可補爲「癸巳王卜，貞：旬亡畎。王才（在）齊師（次），隹（唯）王來正（征）人方」。詳見門藝綴，《綴彙》第六六二組。

【備注】

組類：黄組

材質：牛肩胛骨

尺寸：長六・六、寬三・一厘米

著録：《合》三六四八八

來源：一九五七年三月十三日滬購

院藏號：新一六〇二九七

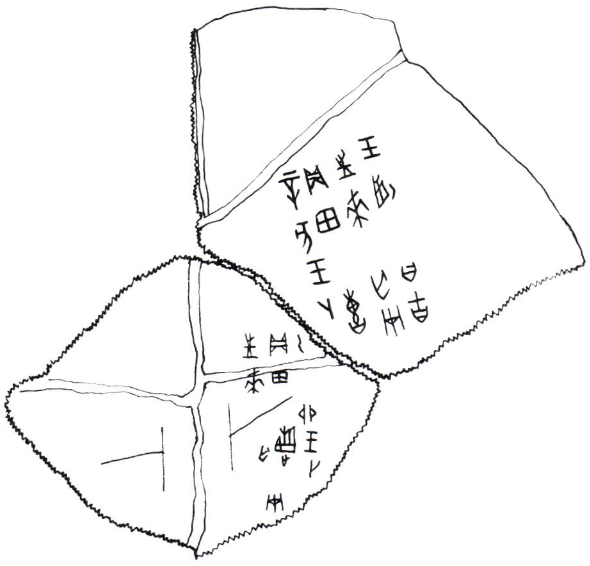

四八九　辛亥王卜貞田𦘔與乙卯王卜貞田疐往來亡災等事

本甲正面存辭二條。反面無字。

（一）辛亥王卜，貞：田𦘔，㞢(往)來亡𡿧(災)。王𠧩(占)曰：吉。

（二）乙卯王卜，貞：田疐，㞢(往)來亡𡿧(災)。〔一〕

【簡釋】

〔一〕中甲上兆枝背向中縫。又，本甲可綴《合》三七七〇八與《合》三七七〇九。詳見門藝、李延彦、李愛輝綴，《拼續》第五三二則。

【備注】

組類：黄組

材質：龜腹甲

尺寸：長七・一六、寬八・〇厘米

著録：〔左下〕《合》三七七六三；〔右上〕《合》三七六六八

來源：一九五七年三月十三日滬購

院藏號：新一六〇二五〇＋新一六〇二一三

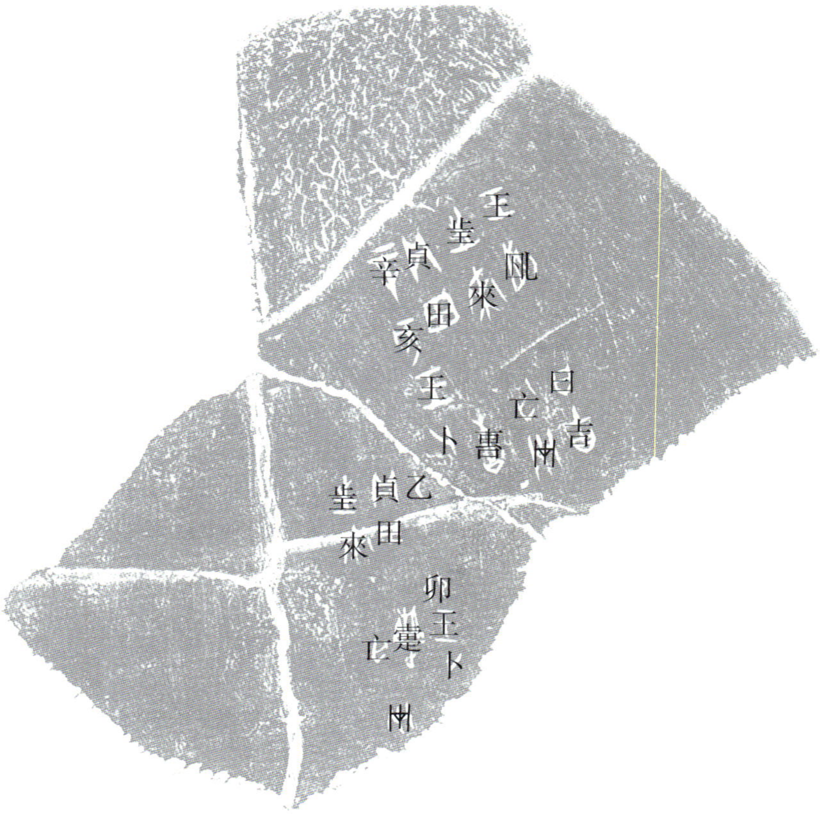

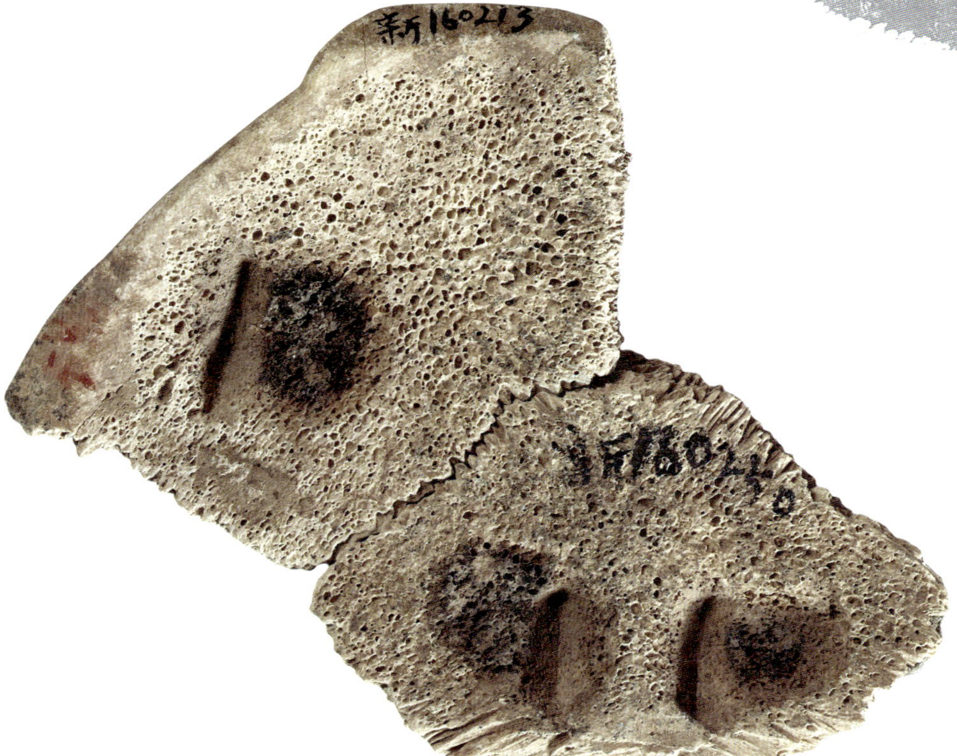

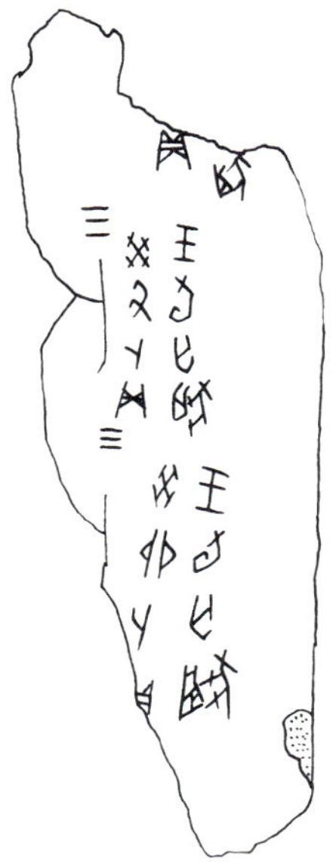

四九〇　癸卯等日卜貞王旬亡𡆥事

本骨正面存辭三條。反面無字。

（一）癸卯卜，[貞]：王旬亡𡆥[一]。　三

（二）癸丑卜，貞：王旬亡𡆥。　三

（三）☐貞☐𡆥。

【簡釋】

[一]「𡆥」或比定作「禍」「咎」「憂」等字。下同。

【備注】

組類：黄組

材質：牛肩胛骨

尺寸：長七・六、寬二・六厘米

著録：《合》三九一五九

來源：一九五七年三月十三日滬購

院藏號：新一六〇二一六

𡆥
貞
王旬亡𡆥
癸丑卜貞
三
王旬亡𡆥
癸卯卜貞
三

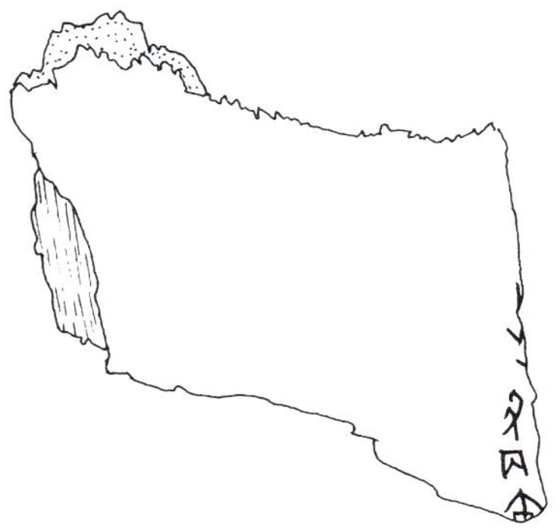

四九一　干支殘表

本骨正面存辭一條。反面無字。

（一）［甲］［子］、［乙］丑、丙［寅］☒

【備注】

組類：黄組習刻

材質：牛肩胛骨

尺寸：長四・六、寬四・〇厘米

著録：未見

來源：一九五七年三月十三日滬購

院藏號：新一六〇二〇五

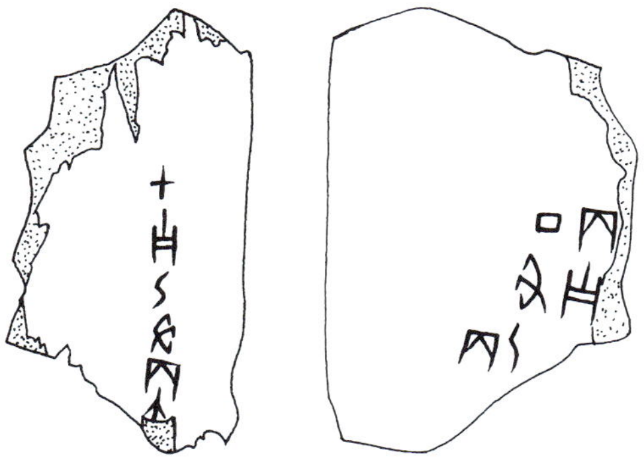

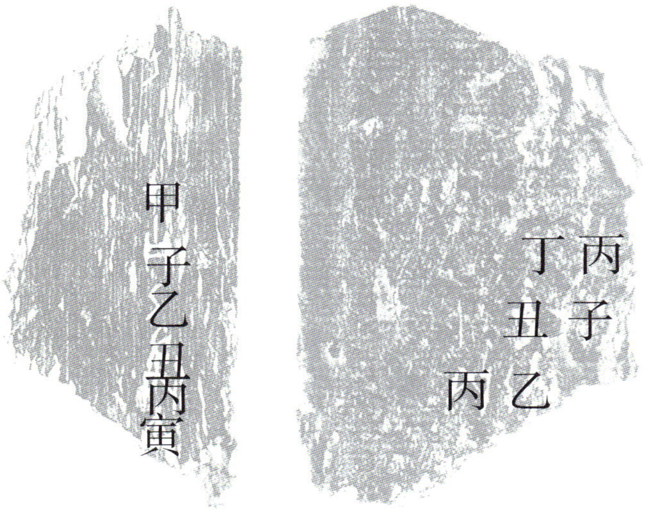

四九二　干支殘表

本骨正面存辭二條。反面存辭一條。

〔正面〕

（一）乙☐丙☐

（二）丙子、丁丑

〔反面〕

（一）甲子、乙丑、丙〔寅〕☐

【備注】

組類：黄組習刻

材質：牛肩胛骨

尺寸：長四・六、寬二・一厘米

著録：未見

來源：一九五七年三月十三日滬購

院藏號：新一六〇二四四

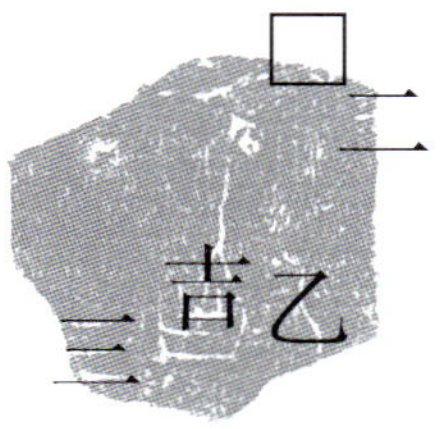

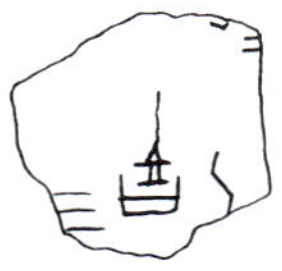

四九三　乙日問某事

本甲正面存辭二條。反面無字。

（一）⧄□⧄　［二］

（二）乙⧄吉。　三

【備注】

組類：非王

材質：龟腹甲

尺寸：長一・七、寬一・七厘米

著録：未見

來源：一九五七年三月十三日滬購

院藏號：新一六〇三八三

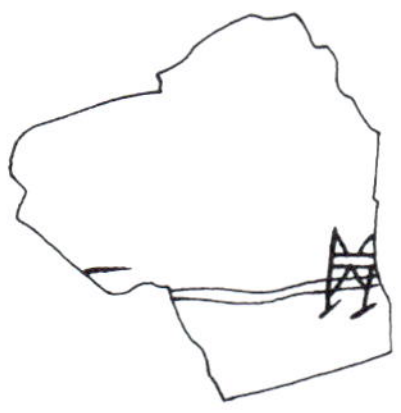

四九四　貞一字殘辭

本甲正面存辭一條。反面無字。

（一）〼貞〼　一

【備注】

組類：子組

材質：龜腹甲

尺寸：長二・七、寬二・三厘米

著録：未見

來源：一九五七年三月十三日滬購

院藏號：新一六〇〇六〇

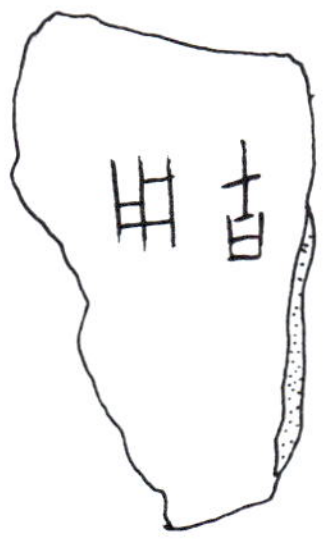

四九五　用吉等字殘辭

本骨正面存辭一條。反面無字。

（一）☐用。　吉

【備注】

組類：未明

材質：牛肩胛骨

尺寸：長三・五、寬一・九厘米

著録：未見

來源：一九五七年三月十三日滬購

院藏號：新一六〇一四一

四九六　見字殘辭

本甲正面存辭一條。反面無字。

（一）〼見[一]〼

【簡釋】

[一]「見」字下有刮削改刻痕迹。

【備注】

組類：未明

材質：龜腹甲

尺寸：長一・八、寬一・四厘米

著録：未見

來源：一九五七年三月十三日滬購

院藏號：新一六〇三三一七

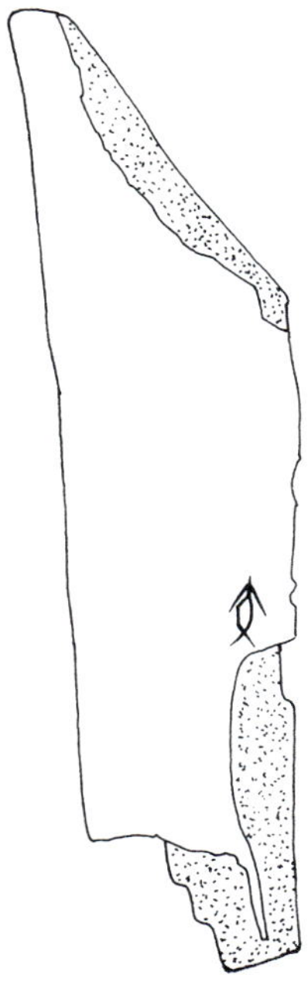

四九七　黃字殘辭

本骨正面存辭一條。反面無字。

（一）　黃☐

【備注】

組類：未明

材質：牛肩胛骨

尺寸：長八・五、寬一・八厘米

著録：未見

來源：一九五七年三月十三日滬購

院藏號：新一六〇四九一

黄

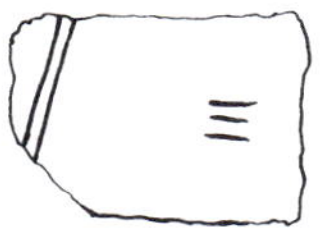
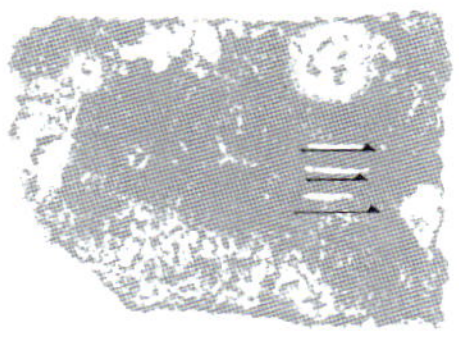

四九八　三字殘辭

本甲正面存辭一條，反面無字。

（一）三

【備注】

組類：未明

材質：龜腹甲

尺寸：長一・五、寬二・〇厘米

著録：未見

來源：一九五七年三月十三日滬購

院藏號：新一六〇二二七

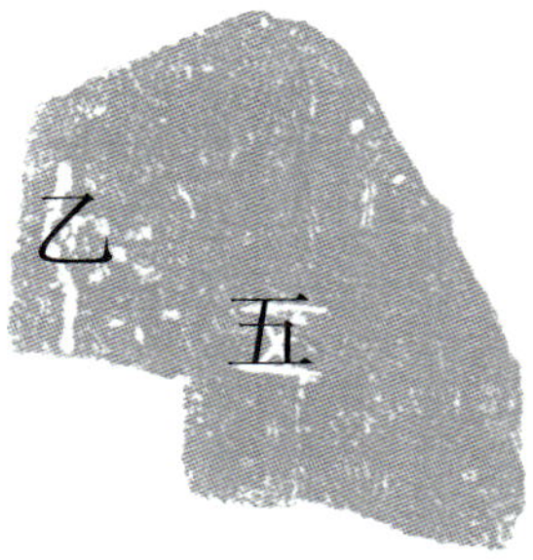

四九九　乙五等字殘辭

本甲正面存辭一條。反面無字。

（一）　乙☐　五〔一〕

【簡釋】

〔一〕「五」下有「三」字改刻痕迹。

【備注】

組類：未明

材質：龜腹甲

尺寸：長二・六、寬二・四厘米

著録：未見

來源：一九五七年三月十三日滬購

院藏號：新一六〇二九二

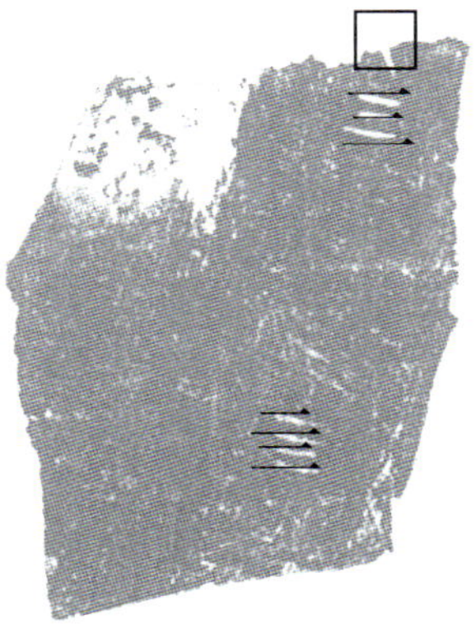
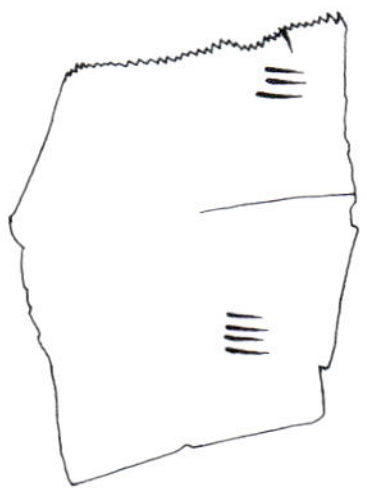

五〇〇　三四等字殘辭

本甲正面存辭一條。反面無字。

（一）☐☐☐　三　三（四）

【備注】

組類：未明

材質：龜腹甲

尺寸：長三・二、寬二・四厘米

著録：未見

來源：一九五七年三月十三日滬購

院藏號：新一六〇四七一

五〇一　一字殘辭

本骨正面存辭一條。反面無字。

（一）一

【備注】

組類：未明

材質：牛肩胛骨

尺寸：長四・六、寬四・六厘米

著録：未見

來源：一九五七年三月十三日滬購

院藏號：新一六〇一九九

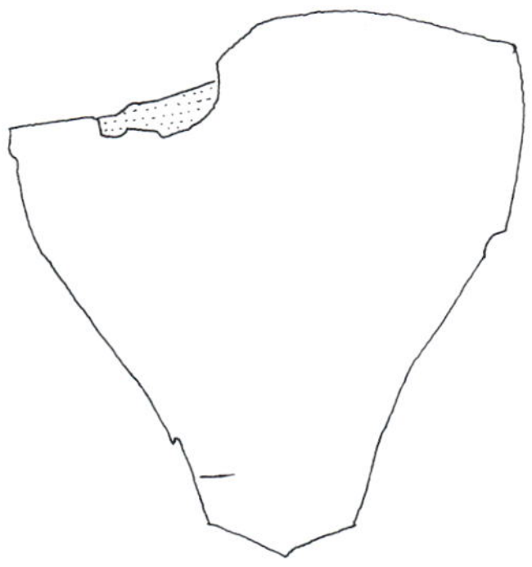

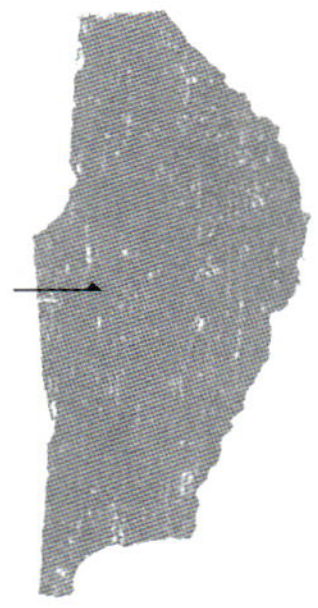

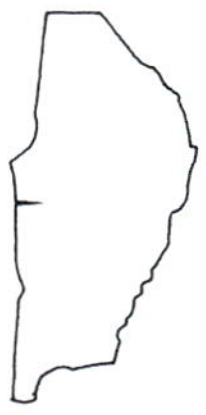

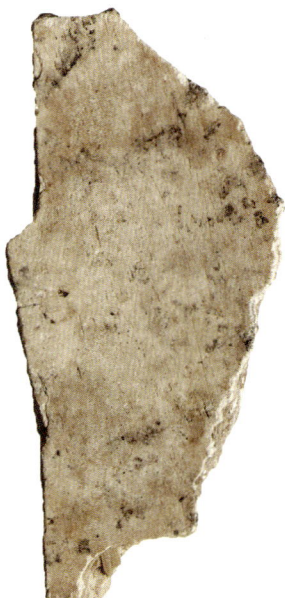

五〇二　一字殘辭

本骨正面存辭一條。反面無字。

（一）［一］

【備注】

組類：未明

材質：牛肩胛骨

尺寸：長二・七、寬一・二厘米

著録：未見

來源：一九五七年三月十三日滬購

院藏號：新一六〇三三五

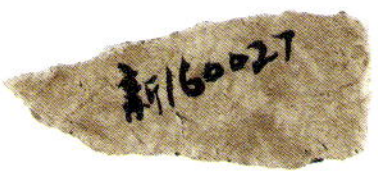

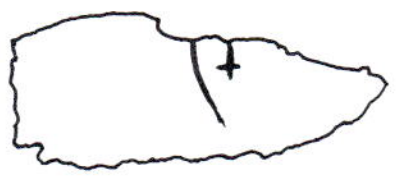

五〇三　殘字牛肩胛骨

本骨正面存辭一條。反面無字。

（一）　〼□〼〔一〕

【簡釋】

〔一〕本骨字口填墨。

【備注】

組類：未明

材質：牛肩胛骨

尺寸：長一・一、寬二・四厘米

著録：未見

來源：一九五七年三月十三日滬購

院藏號：新一六〇〇二七

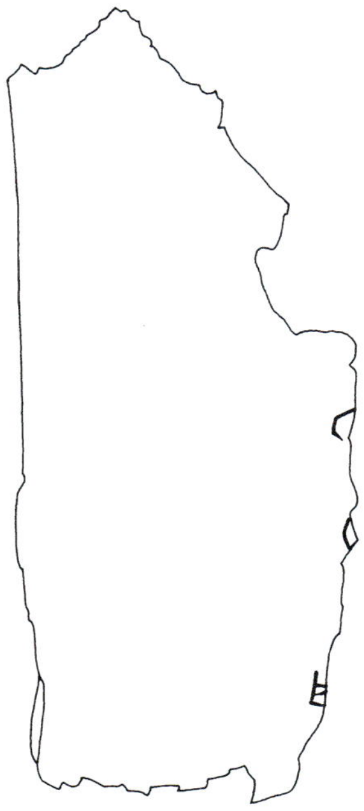

五〇四　殘字牛肩胛骨

本骨正面存辭一條。反面未録。

〔正面〕

（一）☐□□□☐〔一〕

【簡釋】

〔一〕蔡哲茂據松丸道雄觀點認爲本骨反面存辭係僞刻（參《〈甲骨文合集〉辨僞舉例》第四一八頁）。

【備注】

組類：未明

材質：牛肩胛骨

尺寸：長八・五、寬三・三厘米

著録：〔反〕《京》四九三六、《謝》一九、《合》三五二四一

來源：一九五七年三月十三日滬購

院藏號：新一六〇五二二

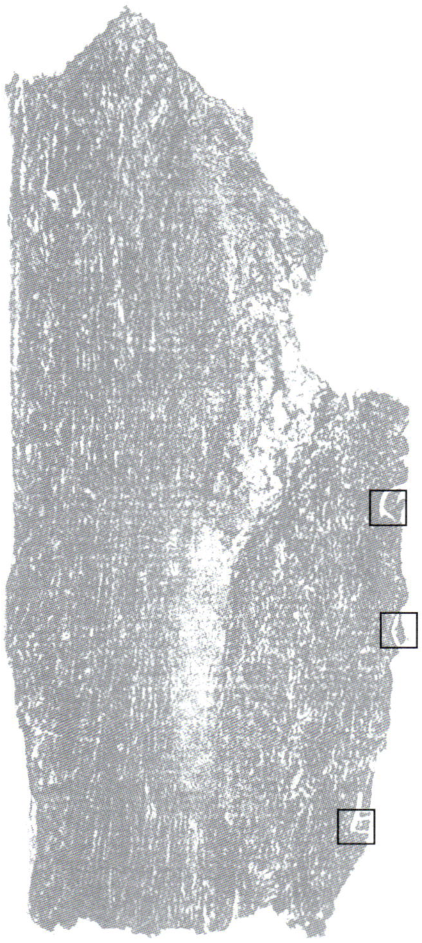

五〇五　殘字龜腹甲

本甲正面存辭一條。反面無字。

（一）〼□〼

【備注】

組類：未明

材質：龜腹甲

尺寸：長三・七、寬三・二厘米

著録：未見

來源：一九五七年三月十三日滬購

院藏號：新一六〇二四三

五〇六　某日問畫事

本骨正面存辭一條。反面無字。

（一）　☐□妻（畫）。〔一〕

【簡釋】

〔一〕本骨疑似僞刻或習刻。

【備注】

材質：牛肩胛骨

尺寸：長六・〇、寬二・一厘米

著録：《京》四九三五、《謝》二四、《合補》一〇四九〇

來源：一九五七年三月十三日滬購

院藏號：新一六〇三〇五

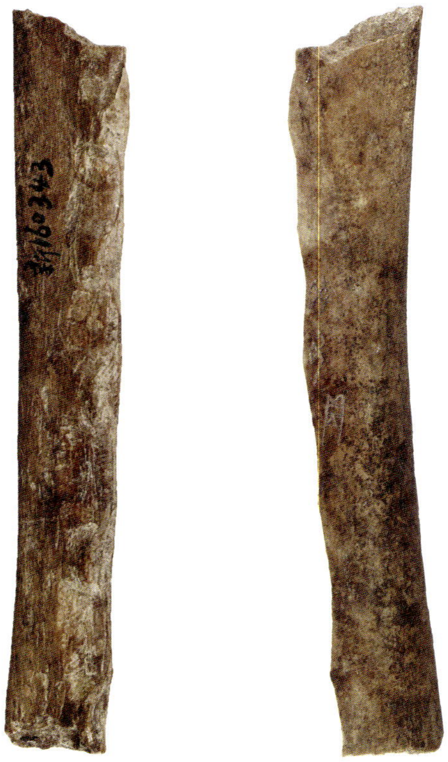

五〇七　僞刻牛肩胛骨

本骨正反面各存辭一條，爲僞刻。

【備注】

材質：牛肩胛骨

尺寸：長一〇・二、寬一・七厘米

著録：〔正〕《謝》五一六

來源：一九五七年三月十三日滬購

院藏號：新一六〇三四三

五〇八　僞刻龜背甲

本甲正面存辭一條，爲僞刻。

【備注】

材質：龜背甲

尺寸：長二・二、寬一・八厘米

著録：《謝》一六〇

來源：一九五七年三月十三日滬購

院藏號：新一六〇三一四

五〇九　無字龜腹甲

本甲正反無字。

【備注】

材質：龜腹甲

尺寸：長一・六、寬〇・九厘米

著録：未見

來源：一九五七年三月十三日滬購

院藏號：新一六〇〇三六

五一〇　無字龜腹甲

本甲正反無字。

【備注】

材質：龜腹甲

尺寸：長二・六、寬一・九厘米

著録：未見

來源：一九五七年三月十三日滬購

院藏號：新一六〇〇五七

五一一　無字龜腹甲

本甲正反無字。

【備注】

材質：龜腹甲

尺寸：長二・七、寬一・六厘米

著録：未見

來源：一九五七年三月十三日滬購

院藏號：新一六〇三五五

五一二　無字龜腹甲

本甲正反無字。

【備注】

材質：龜腹甲

尺寸：長二・三、寬一・五厘米

著録：未見

來源：一九五七年三月十三日滬購

院藏號：新一六〇四三〇

五一三　無字牛肩胛骨

本骨正反無字。

【備注】

材質：牛肩胛骨

尺寸：長一・九、寬一・一厘米

著録：未見

來源：一九五七年三月十三日滬購

院藏號：新一六〇一二一

五一四　無字牛肩胛骨

本骨正反無字。

【備注】

材質：牛肩胛骨

尺寸：長六・七、寬一・一厘米

著録：未見

來源：一九五七年三月十三日滬購

院藏號：新一六〇二六二

索引表

表一　本書著録情況一覽表

本書編號	院藏號	《謝》編號	《合》《合補》編號	《京》《續存》《存補》編號
一	新一六〇一八九	謝三八		
二	新一六〇〇一二	〔正〕謝一七	〔正反〕合二〇〇九五	〔正〕京九〇五
三	新一六〇三六二	謝三八三	合一九八九二	京三〇四三
四	新一六〇一〇〇	謝三〇一	合一九九九〇	京三〇一六
五	新一六〇一六七	謝二九七		
六	新一六〇二八九		合二一五二〇	
七	新一六〇〇九七	謝一六三	合一九七六九	京二九二〇
八	新一六〇三八二		合二一三一七	
九	新一六〇一七七	謝二九八		
一〇	新一六〇一八八	謝二二六	合二一二三六	
一一	新一六〇〇九五	謝二六五	合四九九一	京四五一
一二	新一六〇〇一〇	謝三四	合補六七一八	京四八五七
一三	新一六〇〇二五		合二〇四九七	
一四	新一六〇〇四〇			
一五	新一六〇四三八		合二〇二九二	
一六	新一六〇三二九	謝二七五	合二一六七	京一八三
一七	新一六〇〇二四		合二一二九八	
一八	新一六〇二六三	謝五〇三	合二〇九三二 合三三八五一	京三八四一
一九	新一六〇一六九	謝一八〇	合補六七八四	
二〇	新一六〇〇六三			
二一	新一六〇〇六四		合二〇二〇三	
二二	新一六〇三八七	謝一六七		
二三	新一六〇一四九		合七六二四	
二四	新一六〇四四六			
二五	新一六〇〇五〇		合一四九八九	
二六	新一六〇三六九	謝六二	合四一六九	京六六二

本書編號	院藏號	《謝》編號	《合》《合補》編號	《京》《續存》《存補》編號
二七	新一六〇四八〇	謝一八四	合一九九九四	京二〇一三
二八	新一六〇二二四			
二九	新一六〇四九二		合六六〇〇	
三〇	新一六〇四三九			
三一	新一六〇二一七		合一〇四一四	
三二	新一六〇五一一		合一〇二四九下半	
三三	新一六〇四七八		合二〇六	
三四	新一六〇一三八		合一八四五七	
三五	新一六〇四八八			
三六	新一六〇三二五	謝三八九		
三七	新一六〇二一八			
三八	新一六〇三二六			
三九	新一六〇一四二			
四〇	新一六〇五〇〇	謝五一四	合二〇五一七 合三三一九九	京四三二三
四一	新一六〇二五八	謝一九二		
四二	新一六〇三八四		合一五一二一	
四三	新一六〇〇四一		合一三八六三	
四四	新一六〇四五〇	謝一六一		
四五	新一六〇一七三	謝三六二	合四九四〇	
四六	新一六〇二五六		合七四〇九	
四七	新一六〇一一六	謝一七六	合六八八九	京一三七三
四八	新一六〇三八六	謝二六六		
四九	新一六〇四七九	〔正〕謝六一	〔正〕合六九五三	〔正〕京一三二四
五〇	新一六〇二二三	謝六八		
五一	新一六〇一五七			
五二	新一六〇四六〇	謝一七八		
五三	新一六〇一〇七	謝二三〇		
五四	新一六〇二一〇			
五五	新一六〇一六六	謝一七五		

本書編號	院藏號	《謝》編號	《合》《合補》編號	《京》《續存》《存補》編號
五六	新一六〇四一〇	謝二二一		
五七	新一六〇〇五五			
五八	新一六〇〇七二			
五九	新一六〇四一四			
六〇	新一六〇一八六	謝一三八		
六一	新一六〇一二三	謝三六〇		
六二	新一六〇〇三三	謝三七六	合一五一九	京六八〇
六三	新一六〇一九三	謝二二二		
六四	新一六〇三五九	謝二二四	合補五〇〇一	京一一五〇
六五	新一六〇〇九二	〔正〕謝七〇	〔正反〕合一六七八	〔正〕京七〇五
六六	新一六〇三九三			
六七	新一六〇一〇三	謝二三七		
六八	新一六〇一六一		合一八六九八	
六九	新一六〇〇九四	謝二八八		
七〇	新一六〇二九〇		合一四八七八	
七一	新一六〇四〇五			
七二	新一六〇一一八	謝二四九	合五九一五	京二六〇一
七三	新一六〇〇七一	謝一四二	合補二四六	京七九四
七四	新一六〇〇三二	謝六五	合二二二六	京七六九
七五	新一六〇二三三	謝二六四		
七六	新一六〇二三四			
七七	新一六〇三二三	謝二九三	合一四二三六	續存上四八八
七八	新一六〇四〇〇			
七九	新一六〇四〇一			
八〇	新一六〇〇六一	謝一三三		京九〇七
八一	新一六〇〇九六	謝一三四		
八二	新一六〇一三二	謝一四六		
八三	新一六〇四七七	謝一四一（反面倒置）		
八四	新一六〇〇四九		合一四三四二	
八五	新一六〇四四八			

本書編號	院藏號	《謝》編號	《合》《合補》編號	《京》《續存》《存補》編號
八六	新一六〇〇八五			
八七	新一六〇一六八	謝一二五		
八八	新一六〇一五二			
八九	新一六〇二五五		〔正〕合三八五三	
九〇	新一六〇三三二			
九一	新一六〇〇九一	謝三二一		
九二	新一六〇三五八	謝三九四		
九三	新一六〇一三三	謝一六四		
九四	新一六〇二四二			
九五	新一六〇一八二	謝一五四		
九六	新一六〇四八五	謝二九五	合補四五二一	京一一四二
九七	新一六〇三五七	謝三八二		
九八	新一六〇四三七			
九九	新一六〇二八四	〔正〕謝七二	〔正〕合一九七〇五	〔正〕京二三八六
一〇〇	新一六〇四六九	謝一八三		
一〇一	新一六〇一一〇	謝一四三		
一〇二	新一六〇三九八			
一〇三	新一六〇〇二九	〔反〕謝三七八		
一〇四	新一六〇二二八		〔正反〕合一七四七七	
一〇五	新一六〇四〇二		合一七四三六	
一〇六	新一六〇四六八		〔正〕合一七四七五	
一〇七	新一六〇一四七	謝二三五		
一〇八	新一六〇三一六	謝一三一	合一七〇六二	京一九九三
一〇九	新一六〇三〇四	謝四三五	合補五〇五六	
一一〇	新一六〇〇三五		合八四六四	
一一一	新一六〇〇七四			
一一二	新一六〇三六一	謝二八四		
一一三	新一六〇四六五	謝一七二		
一一四	新一六〇三九六			
一一五	新一六〇一八一	謝二六七	合一二八二六	京四四六

本書編號	院藏號	《謝》編號	《合》《合補》編號	《京》《續存》《存補》編號
一一六	新一六〇三一三	謝一四九		
一一七	新一六〇一八〇	謝六九	合一三三九一	京五〇八
一一八	新一六〇四七四	〔正〕謝一八五	〔正〕合一三一八八	〔正〕京四九九
一一九	新一六〇二〇四	謝四三七	合二八九六 合補一二四一下半	京一〇六一
一二〇	新一六〇一七六	謝二四三		
一二一	新一六〇〇五二	謝三八八		
一二二	新一六〇二六八	謝二七〇	合四一四〇	京三八〇一
一二三	新一六〇四三一	〔反〕謝二六八		
一二四	新一六〇四七〇			
一二五	新一六〇〇〇二		合四二四四	
一二六	新一六〇〇七三		合四二三一	
一二七	新一六〇一二〇	謝七三		
一二八	新一六〇一七一		合一八九五九	
一二九	新一六〇四四四			
一三〇	新一六〇三五三	謝三二三	合四七七八	京二四六五
一三一	新一六〇〇九三	謝三〇二	合四〇四五	京二一五六
一三二	新一六〇〇六五	謝三七二		
一三三	新一六〇一六三	謝三六一	合一〇八〇二	京二一六三
一三四	新一六〇二二五	謝二五一		
一三五	新一六〇一二五	謝一五八		
一三六	新一六〇一〇二	謝一四〇		
一三七	新一六〇一一四	謝一五一	合八八六五	京一〇一八
一三八	新一六〇四四七	謝二八三		
一三九	新一六〇一三五	〔正〕謝一三七	〔正反〕合八八七四	〔正〕京二六〇〇
一四〇	新一六〇三二〇	謝一七九	合八八〇〇	京一〇二〇
一四一	新一六〇一八四	謝一四五		
一四二	新一六〇二三九		合補二四七八	
一四三	新一六〇一一七	謝二四五	合九一八〇	京二四〇〇
一四四	新一六〇二九三		合一八五二六	

本書編號	院藏號	《謝》編號	《合》《合補》編號	《京》《續存》《存補》編號
一四五	新一六〇一八五	謝六七	合補一四九四	京一一八二
一四六	新一六〇二三八	〔反〕謝一七一	〔反〕合一九四〇五	〔反〕京二五八三
一四七	新一六〇〇四二	〔正反〕謝一三九	〔正反〕合九二〇八	〔正〕京一八 〔反〕京一九
一四八	新一六〇四一八	〔反〕謝三一七	〔反〕合九一八三	〔正〕京五八 〔反〕京五九
一四九	新一六〇一二七	〔正〕謝三九二	〔正〕合九一五三	〔正〕京一〇一二
一五〇	新一六〇二八〇	謝七四		
一五一	新一六〇一五一			
一五二	新一六〇〇八六			
一五三	新一六〇一四五	謝三〇〇		京二三八九
一五四	新一六〇一七四	謝二八五	合一九七二六	京一五九四
一五五	新一六〇一〇五	〔正反〕謝三七	〔正反〕合三七五九	〔正〕京三七 〔反〕京三八
一五六	新一六〇一〇八	〔正〕謝三七五	〔正反〕合一九四五〇	〔正〕京二三八〇
一五七	新一六〇一〇四	〔正〕謝二一八		
一五八	新一六〇一二九	謝一六八	合一九〇三四	京七九九
一五九	新一六〇四〇七			
一六〇	新一六〇一三九			
一六一	新一六〇四三五			
一六二	新一六〇四二三			
一六三	新一六〇二三五		合補一八八七	
一六四	新一六〇一三一	〔正〕謝二七九		
一六五	新一六〇〇七五	謝一四四	合補二〇三三	京一三九一
一六六	新一六〇〇六九	謝一七〇	合七二〇五	京一五三一
一六七	新一六〇一六四	謝二四一	合補二一八一	
一六八	新一六〇四四一			
一六九	新一六〇二三六			
一七〇	新一六〇〇二二			
一七一	新一六〇一二二	謝二三〇		
一七二	新一六〇〇四八	謝二三二		京一二四〇

本書編號	院藏號	《謝》編號	《合》《合補》編號	《京》《續存》《存補》編號
一七三	新一六〇一五〇		合六二九〇	
一七四	新一六〇三九〇	謝二八一		京一二五〇
一七五	新一六〇三六四	謝二三九	合補一八一一	京一二五一
一七六	新一六〇四九〇	謝二一七		
一七七	新一六〇一二八	謝二六九		京一〇五三
一七八	新一六〇三一七+新一六〇五一四		〔右下〕合七五五一	
一七九	新一六〇四〇四			
一八〇	新一六〇四三六			
一八一	新一六〇一七五			
一八二	新一六〇三三四			
一八三	新一六〇〇二三	謝二七四		
一八四	新一六〇四〇三	謝二八二		
一八五	新一六〇〇八二	〔正〕謝一七三		
一八六	新一六〇四一二			
一八七	新一六〇一三七	謝一六五		
一八八	新一六〇一七九	〔正反〕謝二八七	〔正〕合八三一四	
一八九	新一六〇一三六	謝二七六	合八三三八	京一五六三
一九〇	新一六〇四四九	〔正反〕謝一四七	〔反〕合八〇三六	
一九一	新一六〇四五五	謝一八一	合九七〇二	京五三五
一九二	新一六〇一五六			
一九三	新一六〇三八〇+新七八五八二		〔左下〕合六〇五四	
一九四	新一六〇三九二			
一九五	新一六〇一一三	謝六六		
一九六	新一六〇四二八			
一九七	新一六〇一四八			
一九八	新一六〇一二四	謝一七四		
一九九	新一六〇一一二	謝一五三		
二〇〇	新一六〇〇八三	謝二六三		
二〇一	新一六〇二三一			
二〇二	新一六〇四二〇			

本書編號	院藏號	《謝》編號	《合》《合補》編號	《京》《續存》《存補》編號
二〇三	新一六〇〇一六	謝六四		
二〇四	新一六〇二三二	謝二五〇		
二〇五	新一六〇三二一	謝一八二		
二〇六	新一六〇四〇八			
二〇七	新一六〇四九五	謝二四二		
二〇八	新一六〇二四六	謝一八八		
二〇九	新一六〇四五二	謝二三八		
二一〇	新一六〇一八三	謝一七八		
二一一	新一六〇三九五			
二一二	新一六〇三三〇			
二一三	新一六〇〇五三			
二一四	新一六〇四八六			
二一五	新一六〇四二五			
二一六	新一六〇三六〇	謝三六六		
二一七	新一六〇一五四			
二一八	新一六〇四一五			
二一九	新一六〇四五七			
二二〇	新一六〇〇三四			
二二一	新一六〇〇四五			
二二二	新一六〇三三三			
二二三	新一六〇四八七			
二二四	新一六〇〇三八			
二二五	新一六〇一七〇	謝二四八		
二二六	新一六〇〇二六			
二二七	新一六〇三九一			
二二八	新一六〇四〇九			
二二九	新一六〇〇四四			
二三〇	新一六〇四二四			
二三一	新一六〇四二六			
二三二	新一六〇三二四			

本書編號	院藏號	《謝》編號	《合》《合補》編號	《京》《續存》《存補》編號
二三三	新一六〇三七九	謝一八六		
二三四	新一六〇三八九			
二三五	新一六〇〇六六	謝七一		
二三六	新一六〇一三〇	〔正〕謝二二八		
二三七	新一六〇四一一	謝一五六		
二三八	新一六〇一九二	〔正〕謝二三六		
二三九	新一六〇〇五一		合一一六二四	
二四〇	新一六〇二一四			
二四一	新一六〇二二六			
二四二	新一六〇三一八	謝三五九		
二四三	新一六〇四二七			
二四四	新一六〇四一六	謝二八六		
二四五	新一六〇四〇六			
二四六	新一六〇三八五			
二四七	新一六〇三九九	謝三九〇		
二四八	新一六〇三九七			
二四九	新一六〇〇四六			
二五〇	新一六〇一一一			
二五一	新一六〇三五四			
二五二	新一六〇三一九	謝一八七		
二五三	新一六〇一〇一	謝三七〇		
二五四	新一六〇四一三	謝二三九		
二五五	新一六〇一五八			
二五六	新一六〇〇一三+新一六〇〇一五			
二五七	新一六〇一六五	謝二二七		
二五八	新一六〇〇五九			
二五九	新一六〇三四一		合補一〇五三	
二六〇	新一六〇四四三			
二六一	新一六〇〇九八	謝一六二		
二六二	新一六〇四二一			

本書編號	院藏號	《謝》編號	《合》《合補》編號	《京》《續存》《存補》編號
二六三	新一六〇一四四	謝二一九		
二六四	新一六〇一六二	謝二一六		
二六五	新一六〇二五一			
二六六	新一六〇〇五六	謝二三一		
二六七	新一六〇〇九九	謝二四六		
二六八	新一六〇一九〇	謝二一五		
二六九	新一六〇二九四	謝一三六		
二七〇	新一六〇二七四	謝一三五		
二七一	新一六〇四二二			
二七二	新一六〇〇七八	謝一五九		
二七三	新一六〇四三三			
二七四	新一六〇一一九	謝一五二	合補五九九八	
二七五	新一六〇二八七	謝三六三	合補一六二二	
二七六	新一六〇四五四	謝三六九		
二七七	新一六〇三九四	謝二六二	合八〇〇四	京一五七四
二七八	新一六〇四四五			
二七九	新一六〇三八八			
二八〇	新一六〇〇三七			
二八一	新一六〇四七二			
二八二	新一六〇〇七七	謝二九六		
二八三	新一六〇〇四七			
二八四	新一六〇一五九	謝三六五		
二八五	新一六〇一一五	謝一六		
二八六	新一六〇二〇六			
二八七	新一六〇二七九	謝六三		
二八八	新一六〇〇一八			
二八九	新一六〇四九六			
二九〇	新一六〇四九四	謝一八		
二九一	新一六〇三七七	謝二〇		
二九二	新一六〇四五九			

本書編號	院藏號	《謝》編號	《合》《合補》編號	《京》《續存》《存補》編號
二九三	新一六〇〇三〇	謝三一八	合一六〇九四	京二三八三
二九四	新一六〇二〇九		合一六六八一	
二九五	新一六〇〇〇七			
二九六	新一六〇一八七	謝二七七		
二九七	新一六〇〇一一			
二九八	新一六〇四一七			
二九九	新一六〇四八九			
三〇〇	新一六〇一五五			
三〇一	新一六〇〇七六			
三〇二	新一六〇〇六二		合一九五六七	
三〇三	新一六〇〇三一			
三〇四	新一六〇二一九			
三〇五	新一六〇一七二	謝二六一		
三〇六	新一六〇四四〇			
三〇七	新一六〇〇五八			
三〇八	新一六〇〇二八			
三〇九	新一六〇三二八	謝二五二		
三一〇	新一六〇一七八	謝二七二	合一一八四七	京四七〇
三一一	新一六〇〇八〇	謝三六四	合一四九一四	京二一〇二
三一二	新一六〇一二六	謝二三三		
三一三	新一六〇二五二		合一六五五〇	
三一四	新一六〇四六一	謝一七七	合補五八三九	京一〇七九
三一五	新一六〇四一九		合一五四一九	
三一六	新一六〇三三一			
三一七	新一六〇二九八			
三一八	新一六〇二三九		合二五九二二	
三一九	新一六〇三四八	謝二九二	合二三三二〇	京四〇八三
三二〇	新一六〇二八八	謝二四七		
三二一	新一六〇三四七		合二六一一一	
三二二	新一六〇二〇七		合二五七三一	

本書編號	院藏號	《謝》編號	《合》《合補》編號	《京》《續存》《存補》編號
三二三	新一六〇一三四	謝二七三		
三二四	新一六〇三〇〇		合二六八一五	
三二五	新一六〇一〇九	謝三九三	合二三四三五	京八一一
三二六	新一六〇二一一			
三二七	新一六〇五〇六		合二四二七一	
三二八	新一六〇〇六八		合二三七三八	
三二九	新一六〇二九一			
三三〇	新一六〇四二九			
三三一	新一六〇〇八一			
三三二	新一六〇三一五	謝一五五		
三三三	新一六〇四四二			
三三四	新一六〇四七三	謝二八〇	合補七〇七一	京三七三四
三三五	新一六〇一五三	謝三七七		
三三六	新一六〇三三六		合二三六四七	
三三七	新一六〇〇四三			
三三八	新一六〇四三四			
三三九	新一六〇二八二	謝三八一	合三二七七九	京三一四七
三四〇	新一六〇三三八	謝五二〇	合一一九二二	京三七六
三四一	新一六〇四三二			
三四二	新一六〇一九五	謝五三三	合三二四九〇	京三九九四
三四三	新一六〇三〇八	謝四八〇	合補一〇六六〇	京四二二二
三四四	新一六〇三〇六	謝二三	合三四一四五	京四三四九
三四五	新一六〇三五一	謝五二二		
三四六	新一六〇三七八	謝四四九		京四八四四
三四七	新一六〇三一二		合三二九六二	
三四八	新一六〇一四〇＋新一六〇三五六	〔上半〕謝四一六 〔下半〕謝四四五	〔上半〕合補一〇四〇五 〔下半〕合三三七四二	〔上半〕京四九〇〇 〔下半〕京四七四〇
三四九	新一六〇三三九		合三三七一五	京四三一一
三五〇	新一六〇二〇二		合補一〇五五八	
三五一	新一六〇二八一	謝一八九	合補一〇二九八	

本書編號	院藏號	《謝》編號	《合》《合補》編號	《京》《續存》《存補》編號
三五二	新一六〇一九六	謝四六六	合三二〇七一	京四〇六九
三五三	新一六〇二六五	謝三九八	合補一九〇	京四一〇六
三五四	新一六〇三四六	謝五一七	合三二四七〇（不全）	京三八二三
三五五	新一六〇二〇三	謝四八九	合三二六六五	京四〇六八
三五六	新一六〇三四九	謝四一九	合三二六六七	京四〇六七
三五七	新一六〇〇〇八	謝四六九	合三二五一六 合補一〇四四五下半	京四〇〇四
三五八	新一六〇一六〇	謝二九九		
三五九	新一六〇〇三九	謝三九一	合三四五七〇	京四二二一
三六〇	新一六〇五一二	謝五一八	合三四二三八	京三九四二
三六一	新一六〇五二一	謝五二一	合三四三七九	京四二四七
三六二	新一六〇二七八	謝四五三	合補三一〇	京四一一二
三六三	新一六〇〇一七	謝四七九	合三四二一〇	京三九三八
三六四	新一六〇三〇二	謝三九九	合三二〇四七	京四一三一
三六五	新一六〇五一六	謝四八五	合三四六四七	京四一六〇
三六六	新一六〇三〇一	謝三二四	合三二〇一六	京三九六八
三六七	新一六〇三六五	謝三三九	合三三六三八	京四一六四
三六八	新一六〇五〇三	謝四六三	合三三六四四	京四一六六
三六九	新一六〇三七六	謝五一二	合三二〇七八	京四一三〇
三七〇	新一六〇〇七九	謝一三	合三四六〇七	京四二三九
三七一	新一六〇二九九	謝一六九		
三七二	新一六〇五〇八	謝五三六	合三三七七〇	京三八二二
三七三	新一六〇二一五	謝四八一	合三二九二八	京四七七二
三七四	新一六〇五一五	謝五	合三五一六八	京四七九六
三七五	新一六〇二〇〇	謝五三一	合三四七二一	京四四〇六
三七六	新一六〇一九七	謝四二三	合三二九一〇	京四七八二
三七七	新一六〇二四七	謝三八五		
三七八	新一六〇四九八	謝九	合補一〇四二五	京四三二一
三七九	新一六〇五一〇	謝四九〇	合三二二七〇	京四四一六
三八〇	新一六〇三三七	謝五二九	合三四九五〇	京四六九〇

本書編號	院藏號	《謝》編號	《合》《合補》編號	《京》《續存》《存補》編號
三八一	新一六〇二八六	謝四五一	合三五〇〇四	京四六九七
三八二	新一六〇〇九〇+新一六〇一〇六	〔左半〕謝一二九 〔右半〕謝一三〇	合補一〇七四六	〔左半〕京四七〇七 〔右半〕京四七〇六
三八三	新一六〇一九四	謝四二〇		
三八四	新一六〇二五七	謝四六五	合三四九六三	京四七一一
三八五	新一六〇二〇一	謝五二七	合三四八二三	京四六九一
三八六	新一六〇三四二	謝五〇七	合三四八三七	京四六九二
三八七	新一六〇五〇七	謝四八六	合三三七一二	京四八八〇
三八八	新一六〇四七六	謝一九〇	合補一〇三〇三	
三八九	新一六〇四九三			
三九〇	新一六〇四六三	謝一九一		
三九一	新一六〇四六四	謝三二二		京四八〇三
三九二	新一六〇三六八	謝一二		京三〇一一
三九三	新一六〇四八四	謝四四二		
三九四	新一六〇三四五	謝五一九	合三二五八九	京四〇二八
三九五	新一六〇二六六	謝四二七	合三二六三八	京四〇三二
三九六	新一六〇〇二〇			
三九七	新一六〇二五九	謝四五六	合三三四一六	京四五二六
三九八	新一六〇三五二	謝五三五	合三一〇〇八	京四三〇八
三九九	新一六〇三七二	謝四五五	合三三五〇三	京四五一〇
四〇〇	新一六〇二八五	謝四五四	合二七六二三	京四〇八二
四〇一	新一六〇〇〇四	謝三七四	合二七三七三	京四一〇八
四〇二	新一六〇三七〇		合三三三七九	京三九六四
四〇三	新一六〇三七四	謝一一	合三二七一九	京四〇七四
四〇四	新一六〇二一二	謝四一三	合三一一四一	京三九六二
四〇五	新一六〇〇六七	謝四四六	合三〇九九三	
四〇六	新一六〇四六六	謝五〇二	合二七一三二	京三九七八
四〇七	新一六〇四八二			

本書編號	院藏號	《謝》編號	《合》《合補》編號	《京》《續存》《存補》編號
四〇八	新一六〇五〇四+新一六〇五一九	〔上半〕謝四五九 〔下半〕謝四六〇	〔上半〕合三〇七一四 〔下半〕合三一八七三 〔全〕合補九七〇八	〔上半〕京四一七五 〔下半〕京四一七三
四〇九	新一六〇三八一	謝四八二	合三〇四〇三	京三九三〇
四一〇	新一六〇〇〇三	謝三	合二七五九七	京四一一四
四一一	新一六〇三四四	謝五二四	合二八一〇九	京三九五〇・存補六・二一五
四一二	新一六〇三七三	謝五一三	合二七〇九〇	京三九七五
四一三	新一六〇三七五	謝四六一	合補八七四三	京三九二四
四一四	新一六〇二六九	謝三六	合二七三一六	京四〇三七
四一五	新一六〇五〇二	謝五三二	合二七〇四五	京三九五八
四一六	新一六〇五〇九	謝一〇	合三〇八五二	京四二一七
四一七	新一六〇〇八九	謝四三六	合二七〇五三	京三九六一
四一八	新一六〇二六一	謝五〇四	合三〇五八〇	京四二八六
四一九	新一六〇三〇七	謝四五〇	合補九六四八	京四二八五
四二〇	新一六〇四九七	謝六	合三〇三六一	
四二一	新一六〇四九九	謝四七〇	合三一一三四	京四三五四
四二二	新一六〇二七一	謝五〇六	合二九五四六	京四二〇〇
四二三	新一六〇〇〇五	謝四四七	合三〇六六一	京四一七七
四二四	新一六〇二四八	謝四五二	合二七五七七 合補四四三二	京四一一三
四二五	新一六〇五一七	謝四六四	合二九五六五	京四一六九
四二六	新一六〇五〇五	謝四	合二七一九一	京四〇〇三
四二七	新一六〇〇〇九	謝五二八	合二七二九二	京四〇一八
四二八	新一六〇三一一	謝四七七	合補一〇八二七	
四二九	新一六〇三二二	謝二四四	合二九四九七	
四三〇	新一六〇二七二	謝五三四	合三一六九七	京四五九五
四三一	新一六〇一四三			
四三二	新一六〇二〇八	謝二二		
四三三	新一六〇四七五			
四三四	新一六〇〇八八	謝四三三	合補九八一三 合補九八一五	京四五一六

本書編號	院藏號	《謝》編號	《合》《合補》編號	《京》《續存》《存補》編號
四三五	新一六〇三〇九	謝四二六	合二四〇三三	京三八八七
四三六	新一六〇一九八＋新一六〇四八三	〔上部〕謝五〇五 〔左下〕謝四四一	〔左下〕合二九八八八	〔左下〕京三八二七
四三七	新一六〇〇七〇	謝三七一	合二九八三五	京三八二五
四三八	新一六〇五二〇	謝五一〇	合三〇〇九八	京三八五〇
四三九	新一六〇二七六	謝五〇一	合補九四〇三	京三八二六
四四〇	新一六〇二四九	謝二六	合二九七一一	京四三六四
四四一	新一六〇三四〇	謝五一一	合三〇二二〇	京三八〇五
四四二	新一六〇二六〇	謝三三	合二七八二九 合二八〇六一	京四七八七
四四三	新一六〇五一八	謝四三八	合二七八九二	京四五六三
四四四	新一六〇二四〇	謝四二八	合三一八〇一	京四九〇一
四四五	新一六〇二七三	謝四六二	合二八〇五二	京四三七一
四四六	新一六〇二七〇	謝四二四	合二七九五五	京三八一七
四四七	新一六〇四八一	謝一四八	合補一〇二七五	
四四八	新一六〇四五八	謝三五	合二八〇六九	京四一〇七
四四九	新一六〇二六七	謝四四八	合二八〇二五	
四五〇	新一六〇四六七	謝四〇〇	合二九一二六	京四四三九
四五一	新一六〇四五六	謝一六六	合二八八八七	京四六〇六
四五二	新一六〇二六四	謝四九九	合二九一八六	京四四二八
四五三	新一六〇二九五	謝一二八	合二七八〇三	京四六〇三
四五四	新一六〇四六二	謝四七八		
四五五	新一六〇三五〇	謝五二三	合三四〇六七	京四六一四
四五六	新一六〇〇〇一	謝五三〇	合二八一九九	京四四九五
四五七	新一六〇三六三	謝一五〇	合二九一一二	京四四三七
四五八	新一六〇二四五	謝二一	合二八六二九	京四五七一
四五九	新一六〇三一〇	謝三八六		
四六〇	新一六〇三七一	謝四五八	合二九二七七	京四四五二
四六一	新一六〇二五三	謝四三四		

本書編號	院藏號	《謝》編號	《合》《合補》編號	《京》《續存》《存補》編號
四六二	新一六〇五一三+新一六〇〇八七	〔上半〕謝四五七 〔下半〕謝二三四	〔上半〕合一八八六二	〔上半〕京四五五五 〔下半〕京四九六七
四六三	新一六〇二八三	謝四一五	合一八八四一	京四五五一
四六四	新一六〇二七五	謝一二七	合一八三七三	京四四六七
四六五	新一六〇〇五四	謝三八七	合一八三五六	京四五〇三
四六六	新一六〇二三〇	謝三八四		
四六七	新一六〇一四六	謝一四	合一九〇〇〇	
四六八	新一六〇三六七	謝一五	合補九〇七五 合補九八一四	京四五一五
四六九	新一六〇四五一			
四七〇	新一六〇五二三	謝五一五	合一九三四五	京四四六六
四七一	新一六〇三〇三	謝四二五		
四七二	新一六〇〇八四	謝二七一		
四七三	新一六〇〇二一	謝五〇〇		
四七四	新一六〇二七七	謝二三三		
四七五	新一六〇三六六	謝三九七		
四七六	新一六〇二四一	謝二五		
四七七	新一六〇二二〇		合一三四六三	
四七八	新一六〇四五三	謝一三二	合補九六一五	京四二五〇
四七九	新一六〇一九一	謝二九四		
四八〇	新一六〇〇〇六			
四八一	新一六〇〇一四+新一六〇二三七		〔上半〕合補一一六九五 〔下半〕合三五五九六	
四八二	新一六〇五〇一		合三五六九九 合補一〇九八六下半	
四八三	新一六〇二九六		合三七三六一	
四八四	新一六〇二二一		合三七二九八	
四八五	新一六〇二二二		合三七二七〇	
四八六	新一六〇二五四			
四八七	新一六〇〇一九			

本書編號	院藏號	《謝》編號	《合》《合補》編號	《京》《續存》《存補》編號
四八八	新一六〇二九七		合三六四八八	
四八九	新一六〇二五〇+新一六〇二一三		〔左下〕合三七七六三 〔右上〕合三七六六八	
四九〇	新一六〇二一六		合三九一五九	
四九一	新一六〇二〇五			
四九二	新一六〇二四四			
四九三	新一六〇三八三			
四九四	新一六〇〇六〇			
四九五	新一六〇一四一			
四九六	新一六〇三二七			
四九七	新一六〇四九一			
四九八	新一六〇二二七			
四九九	新一六〇二九二			
五〇〇	新一六〇四七一			
五〇一	新一六〇一九九			
五〇二	新一六〇三三五			
五〇三	新一六〇〇二七			
五〇四	新一六〇五二二	〔反〕謝一九	〔反〕合三五二四一	〔反〕京四九三六
五〇五	新一六〇二四三			
五〇六	新一六〇三〇五	謝二四	合補一〇四九〇	京四九三五
五〇七	新一六〇三四三	〔正〕謝五一六		
五〇八	新一六〇三一四	謝一六〇		
五〇九	新一六〇〇三六			
五一〇	新一六〇〇五七			
五一一	新一六〇三五五			
五一二	新一六〇四三〇			
五一三	新一六〇一二一			
五一四	新一六〇二六二			

表二　《合》《合補》與本書對照表

《合》《合補》編號	本書編號
合二〇六	三三
合一五一九	六二
合一六七八	六五正反
合二一六七	一六
合二二二六	七四
合三七五九	一五五正反
合二八九六	一一九
合三八五三	八九正
合四〇四五	一三一
合四一四〇	一二二
合四一六九	二六
合四二三一	一二六
合四二四四	一二五
合四七七八	一三〇
合四九四〇	四五
合四九九一	一一
合五九一五	七二
合六〇五四	一九三左下
合六二九〇	一七三
合六六〇〇	二九
合六八八九	四七
合六九五三	四九正
合七二〇五	一六六
合七四〇九	四六
合七五五一	一七八右下
合七六二四	二三
合八〇〇四	二七七

《合》《合補》編號	本書編號
合八〇三六	一九〇反
合八三一四	一八八正
合八三三八	一八九
合八四六四	一一〇
合八八〇〇	一四〇
合八八六五	一三七
合八八七四	一三九正反
合九一五三	一四九正
合九一八〇	一四三
合九一八三	一四八反
合九二〇八	一四七正反
合九七〇二	一九一
合一〇二四九下半	三二
合一〇四一四	三一
合一〇八〇二	一三三
合一一六二四	二三九
合一一八四七	三一〇
合一二八二六	一一五
合一二九二二	三四〇
合一三一八八	一一八正
合一三二九一	一一七
合一三八六三	四三
合一四二三六	七七
合一四三四二	八四
合一四八七八	七〇
合一四九一四	三一一
合一四九八九	二五

《合》《合補》編號	本書編號
合一五一二一	四二
合一五四一九	三一五
合一六〇九四	二九三
合一六五五〇	三一三
合一六六八一	二九四
合一七〇六二	一〇八
合一七四三六	一〇五
合一七四七五	一〇六正
合一七四七七	一〇四正反
合一八四五七	三四
合一八五二六	一四四
合一八六九八	六八
合一八九五九	一二八
合一九〇三四	一五八
合一九四〇五	一四六反
合一九四五〇	一五六正反
合一九五六七	三〇二
合一九七〇五	九九正
合一九七二六	一五四
合一九七六九	七
合一九八九二	三
合一九九九〇	四
合一九九九四	二七
合二〇〇九五	二正反
合二〇二〇三	二一
合二〇二九二	一五
合二〇四九七	一三

《合》《合補》編號	本書編號
合二〇五一七	四〇
合二〇九三二	一八
合二一二三六	一〇
合二一二九八	一七
合二一三一七	八
合二一五二〇	六
合二三三二〇	三一九
合二三四三五	三二五
合二三四六三	四七七
合二三六四七	三三六
合二三七三八	三一八
合二四二七一	三一七
合二五七三一	三二三
合二五九二二	三一八
合二六一一一	三二一
合二六八一五	三二四
合二七〇四五	四一五
合二七〇五三	四一七
合二七〇九〇	四一二
合二七一三二	四〇六
合二七一九一	四二六
合二七二九二	四一七
合二七三一六	四一四
合二七三七三	四〇一
合二七五七七	四二四
合二七五九七	四一〇
合二七六二三	四〇〇
合二七八〇三	四五三
合二七八二九	四四二
合二七八九二	四四三

《合》《合補》編號	本書編號
合二七九五五	四四六
合二八〇二五	四四九
合二八〇五二	四四五
合二八〇六一	四四二
合二八〇六九	四四八
合二八一〇九	四一一
合二八一九九	四五六
合二八三五六	四六五
合二八三七三	四六四
合二八六二九	四五八
合二八八四一	四六三
合二八八六二	四六二上半
合二八八八七	四五一
合二九〇〇〇	四六七
合二九一一二	四五七
合二九一二六	四五〇
合二九一八六	四五二
合二九二七七	四六〇
合二九三四五	四七〇
合二九四九七	四二九
合二九五四六	四二二
合二九五六五	四二五
合二九七一一	四四〇
合二九八三五	四三七
合二九八八八	四三六左下
合三〇〇九八	四三八
合三〇二二〇	四四一
合三〇三六一	四二〇
合三〇四〇三	四〇九
合三〇五八〇	四一八

《合》《合補》編號	本書編號
合三〇六六一	四二三
合三〇七一四上半	四〇八上半
合三〇八五二	四一六
合三〇九九三	四〇五
合三一〇〇八	三九八
合三一一三四	四二一
合三一一四一	四〇四
合三一六九七	四三〇
合三一八〇一	四四四
合三一八七三下半	四〇八下半
合三二〇一六	三六六
合三二〇四七	三六四
合三二〇七一	三五二
合三二〇七八	三六九
合三二二七〇	三七九
合三二三七九	四〇二
合三二四七〇(不全)	三五四
合三二四九〇	三四二
合三二五一六	三五七
合三二五八九	三九四
合三二六三八	三九五
合三二六六五	三五五
合三二六六七	三五六
合三二七一九	四〇三
合三二七七九	三三九
合三二九一〇	三七六
合三二九二八	三七三
合三二九六二	三四七
合三三一九九	四〇
合三三四一六	三九七

《合》《合補》編號	本書編號
合三三五〇三	三九九
合三三六三八	三六七
合三三六四四	三六八
合三三七一二	三八七
合三三七一五	三四九
合三三七四二	三四八下半
合三三七七〇	三七二
合三三八五一	一八
合三四〇三三	四三五
合三四〇六七	四五五
合三四一四五	三四四
合三四二一〇	三六三
合三四二三八	三六〇
合三四三七九	三六一
合三四五七〇	三五九
合三四六〇七	三七〇
合三四六四七	三六五
合三四七二一	三七五
合三四八二三	三八五
合三四八三七	三八六
合三四九五〇	三八〇
合三四九六三	三八四
合三五〇〇四	三八一
合三五一六八	三七四
合三五二四一	五〇四反
合三五五九六	四八一下半
合三五六九九	四八二
合三六四八八	四八八
合三七二七〇	四八五
合三七二九八	四八四

《合》《合補》編號	本書編號
合三七三六一	四八三
合三七六六八右上	四八九右上
合三七七六三左下	四八九左下
合三九一五九	四九〇
合補二四六	七三
合補一九〇	三五三
合補三一〇	三六二
合補一二四一下半	一一九
合補一四九四	一四五
合補一六二二	二七五
合補一八一一	一七五
合補一八八七	一六三
合補二〇三三	一六五
合補二一八一	一六七
合補二四七八	一四二
合補四四三二	四二四
合補四五二一	九六
合補五〇〇一	六四
合補五〇五六	一〇九
合補五八三九	三一四
合補五九九八	二七四
合補六七一八	一二
合補六七八四	一九
合補七〇七一	三三四
合補八七四三	四一三
合補九〇七五	四六八
合補九四〇三	四三九
合補九六一五	四七八
合補九六四八	四一九
合補九七〇八	四〇八

《合》《合補》編號	本書編號
合補九八一三	四三四
合補九八一四	四六八
合補九八一五	四三四
合補一〇二七五	四四七
合補一〇二九八	三五一
合補一〇三〇三	三八八
合補一〇四〇五	三四八上半
合補一〇四二五	三七八
合補一〇四四五下半	三五七
合補一〇四九〇	五〇六
合補一〇五三	二五九
合補一〇五五八	三五〇
合補一〇六六〇	三四三
合補一〇七四六	三八二
合補一〇八二七	四二八
合補一〇九八六下半	四八二
合補一一六九五	四八一上半

表三 《謝》與本書對照表

《謝》編號	本書編號
謝三	四一〇
謝四	四二六
謝五	三七四
謝六	四二〇
謝九	三七八
謝一〇	四一六
謝一一	四〇三
謝一二	三九二
謝一三	三七〇
謝一四	四六七
謝一五	四六八
謝一六	二八五
謝一七	二正
謝一八	二九〇
謝一九	五〇四反
謝二〇	二九一
謝二一	四五八
謝二二	四三二
謝二三	三四四
謝二四	五〇六
謝二五	四七六
謝二六	四四〇
謝三三	四四二
謝三四	一二
謝三五	四四八
謝三六	四一四
謝三七	一五五正反

《謝》編號	本書編號
謝三八	一
謝六一	四九正
謝六二	二六
謝六三	二八七
謝六四	二〇三
謝六五	七四
謝六六	一九五
謝六七	一四五
謝六八	五〇
謝六九	一一七
謝七〇	六五正
謝七一	二三五
謝七二	九九正
謝七三	一二七
謝七四	一五〇
謝一二七	四六四
謝一二八	四五三
謝一二九左半	三八二左半
謝一三〇右半	三八二右半
謝一三一	一〇八
謝一三二	四七八
謝一三三	八〇
謝一三四	八一
謝一三五	二七〇
謝一三六	二六九
謝一三七	一三九正
謝一三八	六〇

《謝》編號	本書編號
謝一三九	一四七正反
謝一四〇	一三六
謝一四一（反面倒置）	八三
謝一四二	七三
謝一四三	一〇一
謝一四四	一六五
謝一四五	一四一
謝一四六	八二
謝一四七	一九〇正反
謝一四八	四四七
謝一四九	一一六
謝一五〇	四五七
謝一五一	一三七
謝一五二	二七四
謝一五三	一九九
謝一五四	九五
謝一五五	三三二
謝一五六	二三七
謝一五八	一三五
謝一五九	二七二
謝一六〇	五〇八
謝一六一	四四
謝一六二	二六一
謝一六三	七
謝一六四	九三
謝一六五	一八七
謝一六六	四五一

《謝》編號	本書編號
謝一六七	二二
謝一六八	一五八
謝一六九	三七一
謝一七〇	一六六
謝一七一	一四六反
謝一七二	一一三
謝一七三	一八五正
謝一七四	一九八
謝一七五	五五
謝一七六	四七
謝一七七	三一四
謝一七八	五二
謝一七九	一四〇
謝一八〇	一九
謝一八一	一九一
謝一八二	二〇五
謝一八三	一〇〇
謝一八四	二七
謝一八五	一一八正
謝一八六	二三三
謝一八七	二五二
謝一八八	二〇八
謝一八九	三五一
謝一九〇	三八八
謝一九一	三九〇
謝一九二	四一
謝二一五	二六八
謝二一六	二六四
謝二一七	一七六
謝二一八	一五七正

《謝》編號	本書編號
謝二一九	二六三
謝二二〇	一七一
謝二二一	五六
謝二二二	六三
謝二二三	三一二
謝二二四	六四
謝二二五	八七
謝二二六	一〇
謝二二七	二五七
謝二二八	二三六正
謝二二九	一七五
謝二三〇	五三
謝二三一	二六六
謝二三二	一七二
謝二三三	四七四
謝二三四下半	四六二下半
謝二三五	一〇七
謝二三六	二三八正
謝二三七	六七
謝二三八	二〇九
謝二三九	二五四
謝二四一	一六七
謝二四二	二〇七
謝二四三	一二〇
謝二四四	四二九
謝二四五	一四三
謝二四六	二六七
謝二四七	三二〇
謝二四八	二二五
謝二四九	七二

《謝》編號	本書編號
謝二五〇	二〇四
謝二五一	一三四
謝二五二	三〇九
謝二六一	三〇五
謝二六二	二七七
謝二六三	二〇〇
謝二六四	七五
謝二六五	一一
謝二六六	四八
謝二六七	一一五
謝二六八	一二三反
謝二六九	一七七
謝二七〇	一二二
謝二七一	四七二
謝二七二	三一〇
謝二七三	三二三
謝二七四	一八三
謝二七五	一六
謝二七六	一八九
謝二七七	二九六
謝二七八	二一〇
謝二七九	一六四正
謝二八〇	三三四
謝二八一	一七四
謝二八二	一八四
謝二八三	一三八
謝二八四	一一二
謝二八五	一五四
謝二八六	二四四
謝二八七	一八八正反

《謝》編號	本書編號
謝二八八	六九
謝二九二	三一九
謝二九三	七七
謝二九四	四七九
謝二九五	九六
謝二九六	二八二
謝二九七	五
謝二九八	九
謝二九九	三五八
謝三〇〇	一五三
謝三〇一	四
謝三〇二	一三一
謝三一七	一四八反
謝三一八	二九三
謝三二一	九一
謝三二二	三九一
謝三二三	一三〇
謝三二四	三六六
謝三三九	三六七
謝三五九	二四二
謝三六〇	六一
謝三六一	一三三
謝三六二	四五
謝三六三	二七五
謝三六四	三一一
謝三六五	二八四
謝三六六	二一六
謝三六九	二七六
謝三七〇	二五三
謝三七一	四三七

《謝》編號	本書編號
謝三七二	一三二
謝三七四	四〇一
謝三七五	一五六正
謝三七六	六二
謝三七七	三三五
謝三七八	一〇三反
謝三八一	三三九
謝三八二	九七
謝三八三	三
謝三八四	四六六
謝三八五	三七七
謝三八六	四五九
謝三八七	四六五
謝三八八	一二一
謝三八九	三六
謝三九〇	二四七
謝三九一	三五九
謝三九二	一四九正
謝三九三	三二五
謝三九四	九二
謝三九七	四七五
謝三九八	三五三
謝三九九	三六四
謝四〇〇	四五〇
謝四一三	四〇四
謝四一五	四六三
謝四一六上半	三四八上半
謝四一九	三五六
謝四二〇	三八三
謝四二三	三七六

《謝》編號	本書編號
謝四二四	四四六
謝四二五	四七一
謝四二六	四三五
謝四二七	三九五
謝四二八	四四四
謝四三三	四三四
謝四三四	四六一
謝四三五	一〇九
謝四三六	四一七
謝四三七	一一九
謝四三八	四四三
謝四四一左下	四三六左下
謝四四二	三九三
謝四四五下半	三四八下半
謝四四六	四〇五
謝四四七	四二三
謝四四八	四四九
謝四四九	三四六
謝四五〇	四一九
謝四五一	三八一
謝四五二	四二四
謝四五三	三六二
謝四五四	四〇〇
謝四五五	三九九
謝四五六	三九七
謝四五七上半	四六二上半
謝四五八	四六〇
謝四五九上半	四〇八上半
謝四六〇下半	四〇八下半
謝四六一	四一三

《謝》編號	本書編號
謝四六二	四四五
謝四六三	三六八
謝四六四	四二五
謝四六五	三八四
謝四六六	三五二
謝四六九	三五七
謝四七〇	四二一
謝四七七	四二八
謝四七八	四五四
謝四七九	三六三
謝四八〇	三四三
謝四八一	三七三
謝四八二	四〇九
謝四八五	三六五
謝四八六	三八七
謝四八九	三五五
謝四九〇	三七九
謝四九九	四五二
謝五〇〇	四七三
謝五〇一	四三九
謝五〇二	四〇六
謝五〇三	一八
謝五〇四	四一八
謝五〇五上部	四三六上部
謝五〇六	四二二
謝五〇七	三八六
謝五一〇	四三八
謝五一一	四四一
謝五一二	三六九
謝五一三	四一二

《謝》編號	本書編號
謝五一四	四〇
謝五一五	四七〇
謝五一六	五〇七正
謝五一七	三五四
謝五一八	三六〇
謝五一九	三九四
謝五二〇	三四〇
謝五二一	三六一
謝五二二	三四五
謝五二三	四五五
謝五二四	四一一
謝五二七	三八五
謝五二八	四二七
謝五二九	三八〇
謝五三〇	四五六
謝五三一	三七五
謝五三二	四一五
謝五三三	三四二
謝五三四	四三〇
謝五三五	三九八
謝五三六	三七二

表四 《京》《續存》《存補》與本書對照表

《京》《續存》《存補》編號	本書編號
京一八	一四七正
京一九	一四七反
京三七	一五五正
京三八	一五五反
京五八	一四八正
京五九	一四八反
京一八三	一六
京三七六	三四〇
京四四六	一一五
京四五一	一一
京四七〇	三一〇
京四九九	一一八正
京五〇八	一一七
京五三五	一九一
京六六二	二六
京六八〇	六二
京七〇五	六五正
京七六九	七四
京七九四	七三
京七九九	一五八
京八一一	三二五
京九〇五	二正
京九〇七	八〇
京一〇一二	一四九正
京一〇一八	一三七
京一〇二〇	一四〇
京一〇五三	一七七

《京》《續存》《存補》編號	本書編號
京一〇六一	一一九
京一〇七九	三一四
京一一四二	九六
京一一五〇	六四
京一一八二	一四五
京一二四〇	一七二
京一二五〇	一七四
京一二五一	一七五
京一三二四	四九正
京一三七三	四七
京一三九一	一六五
京一五三一	一六六
京一五六三	一八九
京一五七四	二七七
京一五九四	一五四
京一九九三	一〇八
京二〇一三	二七
京二一〇二	三一一
京二一五六	一三一
京二一六三	一三三
京二三八〇	一五六正
京二三八三	二九三
京二三八六	九九正
京二三八九	一五三
京二四〇〇	一四三
京二四六五	一三〇
京二五八三	一四六反

《京》《續存》《存補》編號	本書編號
京二六〇〇	一三九正
京二六〇一	七二
京二九二〇	七
京三〇一一	三九二
京三〇一六	四
京三〇四三	三
京三一四七	三三九
京三七三四	三三四
京三八〇一	一二二
京三八〇五	四四一
京三八一七	四四六
京三八二二	三七二
京三八二三	三五四
京三八二五	四三七
京三八二六	四三九
京三八二七	四三六左下
京三八四一	一八
京三八五〇	四三八
京三八八七	四三五
京三九二四	四一三
京三九三〇	四〇九
京三九三八	三六三
京三九四二	三六〇
京三九五〇	四一一
京三九五八	四一五
京三九六一	四一七
京三九六二	四〇四

《京》《續存》《存補》編號	本書編號
京三九六四	四〇二
京三九六八	三六六
京三九七五	四一二
京三九七八	四〇六
京三九九四	三四二
京四〇〇三	四二六
京四〇〇四	三五七
京四〇一八	四二七
京四〇二八	三九四
京四〇三二	三九五
京四〇三七	四一四
京四〇六七	三五六
京四〇六八	三五五
京四〇六九	三五二
京四〇七四	四〇三
京四〇八二	四〇〇
京四〇八三	三一九
京四一〇六	三五三
京四一〇七	四四八
京四一〇八	四〇一
京四一一二	三六二
京四一一三	四二四
京四一一四	四一〇
京四一三〇	三六九
京四一三一	三六四
京四一六〇	三六五
京四一六四	三六七
京四一六六	三六八
京四一六九	四二五
京四一七三下半	四〇八下半

《京》《續存》《存補》編號	本書編號
京四一七五上半	四〇八上半
京四一七七	四二三
京四二〇〇	四二二
京四二一七	四一六
京四二二一	三五九
京四二二二	三四三
京四二三九	三七〇
京四二四七	三六一
京四二五〇	四七八
京四二八五	四一九
京四二八六	四一八
京四三〇八	三九八
京四三一一	三四九
京四三二一	三七八
京四三三三	四〇
京四三四九	三四四
京四三五四	四二一
京四三六四	四四〇
京四三七一	四四五
京四四〇六	三七五
京四四一六	三七九
京四四二八	四五二
京四四三七	四五七
京四四三九	四五〇
京四四五二	四六〇
京四四六六	四七〇
京四四六七	四六四
京四四九五	四五六
京四五〇三	四六五
京四五一〇	三九九

《京》《續存》《存補》編號	本書編號
京四五一五	四六八
京四五一六	四三四
京四五二六	三九七
京四五五一	四六三
京四五五五上半	四六二上半
京四五六三	四四三
京四五七一	四五八
京四五九五	四三〇
京四六〇三	四五三
京四六〇六	四五一
京四六一四	四五五
京四六九〇	三八〇
京四六九一	三八五
京四六九二	三八六
京四六九七	三八一
京四七〇六右半	三八二右半
京四七〇七左半	三八二左半
京四七一一	三八四
京四七四〇下半	三四八下半
京四七七二	三七三
京四七八二	三七六
京四七八七	四四二
京四七九六	三七四
京四八〇三	三九一
京四八四四	三四六
京四八五七	一二
京四八八〇	三八七
京四九〇〇上半	三四八上半
京四九〇一	四四四
京四九三五	五〇六

《京》《續存》《存補》編號	本書編號
京四九三六	五〇四反
京四九六七下半	四六二下半
續存上四八八	七七
存補六·二一五	四一一

表五　院藏號與本書對照表

院藏號	本書編號
新一六〇〇一	四五六
新一六〇〇二	一二五
新一六〇〇三	四一〇
新一六〇〇四	四〇一
新一六〇〇五	四二三
新一六〇〇六	四八〇
新一六〇〇七	二九五
新一六〇〇八	三五七
新一六〇〇九	四二七
新一六〇一〇	一二
新一六〇一一	二九七
新一六〇一二	二
新一六〇一三	二五六左上
新一六〇一四	四八一下半
新一六〇一五	二五六右下
新一六〇一六	二〇三
新一六〇一七	三六三
新一六〇一八	二八八
新一六〇一九	四八七
新一六〇二〇	三九六
新一六〇二一	四七三
新一六〇二二	一七〇
新一六〇二三	一八三
新一六〇二四	一七
新一六〇二五	一三
新一六〇二六	二二六
新一六〇二七	五〇三
新一六〇二八	三〇八
新一六〇二九	一〇三
新一六〇三〇	二九三
新一六〇三一	三〇三
新一六〇三二	七四
新一六〇三三	六二
新一六〇三四	二二〇
新一六〇三五	一一〇
新一六〇三六	五〇九
新一六〇三七	二八〇
新一六〇三八	二二四
新一六〇三九	三五九
新一六〇四〇	一四
新一六〇四一	四三
新一六〇四二	一四七
新一六〇四三	三三七
新一六〇四四	二二九
新一六〇四五	二三一
新一六〇四六	二四九
新一六〇四七	二八三
新一六〇四八	一七二
新一六〇四九	八四
新一六〇五〇	二五
新一六〇五一	二三九
新一六〇五二	一二一
新一六〇五三	二一三
新一六〇五四	四六五
新一六〇五五	五七
新一六〇五六	二六六
新一六〇五七	五一〇
新一六〇五八	三〇七
新一六〇五九	二五八
新一六〇六〇	四九四
新一六〇六一	八〇
新一六〇六二	三〇二
新一六〇六三	二〇
新一六〇六四	二一
新一六〇六五	一三二
新一六〇六六	二三五
新一六〇六七	四〇五
新一六〇六八	三二八
新一六〇六九	一六六
新一六〇七〇	四三七
新一六〇七一	七三
新一六〇七二	五八
新一六〇七三	一二六
新一六〇七四	一一一
新一六〇七五	一六五
新一六〇七六	三〇一
新一六〇七七	二八二
新一六〇七八	二七二
新一六〇七九	三七〇
新一六〇八〇	三一一
新一六〇八一	三三一

院藏號	本書編號
新一六〇〇八二	一八五
新一六〇〇八三	二〇〇
新一六〇〇八四	四七二
新一六〇〇八五	八六
新一六〇〇八六	一五二
新一六〇〇八七	四六二下半
新一六〇〇八八	四三四
新一六〇〇八九	四一七
新一六〇〇九〇	三八二左半
新一六〇〇九一	九一
新一六〇〇九二	六五
新一六〇〇九三	一三一
新一六〇〇九四	六九
新一六〇〇九五	一一
新一六〇〇九六	八一
新一六〇〇九七	七
新一六〇〇九八	二六一
新一六〇〇九九	二六七
新一六〇一〇〇	四
新一六〇一〇一	二五三
新一六〇一〇二	一三六
新一六〇一〇三	六七
新一六〇一〇四	一五七
新一六〇一〇五	一五五
新一六〇一〇六	三八二右半
新一六〇一〇七	五三
新一六〇一〇八	一五六
新一六〇一〇九	三二五
新一六〇一一〇	一〇一
新一六〇一一一	二五〇

院藏號	本書編號
新一六〇一一二	一九九
新一六〇一一三	一九五
新一六〇一一四	一三七
新一六〇一一五	二八五
新一六〇一一六	四七
新一六〇一一七	一四三
新一六〇一一八	七二
新一六〇一一九	二七四
新一六〇一二〇	二七
新一六〇一二一	五一三
新一六〇一二二	一七一
新一六〇一二三	六一
新一六〇一二四	一九八
新一六〇一二五	一三五
新一六〇一二六	三一二
新一六〇一二七	一四九
新一六〇一二八	一七七
新一六〇一二九	一五八
新一六〇一三〇	二三六
新一六〇一三一	一六四
新一六〇一三二	八二
新一六〇一三三	九三
新一六〇一三四	三三三
新一六〇一三五	一三九
新一六〇一三六	一八九
新一六〇一三七	一八七
新一六〇一三八	三四
新一六〇一三九	一六〇
新一六〇一四〇	三四八上半
新一六〇一四一	四九五

院藏號	本書編號
新一六〇一四二	三九
新一六〇一四三	四三一
新一六〇一四四	二六三
新一六〇一四五	一五三
新一六〇一四六	四六七
新一六〇一四七	一〇七
新一六〇一四八	一九七
新一六〇一四九	二三
新一六〇一五〇	一七三
新一六〇一五一	一五一
新一六〇一五二	八八
新一六〇一五三	三三五
新一六〇一五四	二一七
新一六〇一五五	三〇〇
新一六〇一五六	一九二
新一六〇一五七	五一
新一六〇一五八	二五五
新一六〇一五九	二八四
新一六〇一六〇	三五八
新一六〇一六一	六八
新一六〇一六二	二六四
新一六〇一六三	一三三
新一六〇一六四	一六七
新一六〇一六五	二五七
新一六〇一六六	五五
新一六〇一六七	五
新一六〇一六八	八七
新一六〇一六九	一九
新一六〇一七〇	二二五
新一六〇一七一	一二八

院藏號	本書編號
新一六〇一七二	三〇五
新一六〇一七三	四五
新一六〇一七四	一五四
新一六〇一七五	一八一
新一六〇一七六	一二〇
新一六〇一七七	九
新一六〇一七八	三一〇
新一六〇一七九	一八八
新一六〇一八〇	一一七
新一六〇一八一	一一五
新一六〇一八二	九五
新一六〇一八三	二一〇
新一六〇一八四	一四一
新一六〇一八五	一四五
新一六〇一八六	六〇
新一六〇一八七	二九六
新一六〇一八八	一〇
新一六〇一八九	一
新一六〇一九〇	二六八
新一六〇一九一	四七九
新一六〇一九二	二三八
新一六〇一九三	六三
新一六〇一九四	三八三
新一六〇一九五	三四二
新一六〇一九六	三五二
新一六〇一九七	三七六
新一六〇一九八	四三六上部
新一六〇一九九	五〇一
新一六〇二〇〇	三七五
新一六〇二〇一	三八五

院藏號	本書編號
新一六〇二〇二	三五〇
新一六〇二〇三	三五五
新一六〇二〇四	一一九
新一六〇二〇五	四九一
新一六〇二〇六	二八六
新一六〇二〇七	三二二
新一六〇二〇八	四三二
新一六〇二〇九	二九四
新一六〇二一〇	五四
新一六〇二一一	三二六
新一六〇二一二	四〇四
新一六〇二一三	四八九右上
新一六〇二一四	二四〇
新一六〇二一五	三七三
新一六〇二一六	四九〇
新一六〇二一七	三一
新一六〇二一八	三七
新一六〇二一九	三〇四
新一六〇二二〇	四七七
新一六〇二二一	四八四
新一六〇二二二	四八五
新一六〇二二三	五〇
新一六〇二二四	二八
新一六〇二二五	一三四
新一六〇二二六	二四一
新一六〇二二七	四九八
新一六〇二二八	一〇四
新一六〇二二九	一四二
新一六〇二三〇	四六六
新一六〇二三一	二〇一

院藏號	本書編號
新一六〇二三二	二〇四
新一六〇二三三	七五
新一六〇二三四	七六
新一六〇二三五	一六三
新一六〇二三六	一六九
新一六〇二三七	四八一上半
新一六〇二三八	一四六
新一六〇二三九	三一八
新一六〇二四〇	四四四
新一六〇二四一	四七六
新一六〇二四二	九四
新一六〇二四三	五〇五
新一六〇二四四	四九二
新一六〇二四五	四五八
新一六〇二四六	二〇八
新一六〇二四七	三七七
新一六〇二四八	四二四
新一六〇二四九	四四〇
新一六〇二五〇	四八九左下
新一六〇二五一	二六五
新一六〇二五二	三一三
新一六〇二五三	四六一
新一六〇二五四	四八六
新一六〇二五五	八九
新一六〇二五六	四六
新一六〇二五七	三八四
新一六〇二五八	四一
新一六〇二五九	三九七
新一六〇二六〇	四四二
新一六〇二六一	四一八

院藏號	本書編號
新一六〇二六二	五一四
新一六〇二六三	一八
新一六〇二六四	四五二
新一六〇二六五	三五三
新一六〇二六六	三九五
新一六〇二六七	四四九
新一六〇二六八	一二二
新一六〇二六九	四一四
新一六〇二七〇	四四六
新一六〇二七一	四二二
新一六〇二七二	四三〇
新一六〇二七三	四四五
新一六〇二七四	二七〇
新一六〇二七五	四六四
新一六〇二七六	四三九
新一六〇二七七	四七四
新一六〇二七八	三六二
新一六〇二七九	二八七
新一六〇二八〇	一五〇
新一六〇二八一	三五一
新一六〇二八二	三三九
新一六〇二八三	四六三
新一六〇二八四	九九
新一六〇二八五	四〇〇
新一六〇二八六	三八一
新一六〇二八七	二七五
新一六〇二八八	三二〇
新一六〇二八九	六
新一六〇二九〇	七〇
新一六〇二九一	三二九

院藏號	本書編號
新一六〇二九二	四九九
新一六〇二九三	一四四
新一六〇二九四	二六九
新一六〇二九五	四五三
新一六〇二九六	四八三
新一六〇二九七	四八八
新一六〇二九八	三一七
新一六〇二九九	三七一
新一六〇三〇〇	三二四
新一六〇三〇一	三六六
新一六〇三〇二	三六四
新一六〇三〇三	四七一
新一六〇三〇四	一〇九
新一六〇三〇五	五〇六
新一六〇三〇六	三四四
新一六〇三〇七	四一九
新一六〇三〇八	三四三
新一六〇三〇九	四三五
新一六〇三一〇	四五九
新一六〇三一一	四二八
新一六〇三一二	三四七
新一六〇三一三	一一六
新一六〇三一四	五〇八
新一六〇三一五	三三二
新一六〇三一六	一〇八
新一六〇三一七	一七八右上
新一六〇三一八	二四二
新一六〇三一九	二五二
新一六〇三二〇	一四〇
新一六〇三二一	二〇五

院藏號	本書編號
新一六〇三二二	四二九
新一六〇三二三	七七
新一六〇三二四	二三二
新一六〇三二五	三六
新一六〇三二六	三八
新一六〇三二七	四九六
新一六〇三二八	三〇九
新一六〇三二九	一六
新一六〇三三〇	二一二
新一六〇三三一	三一六
新一六〇三三二	九〇
新一六〇三三三	二三三
新一六〇三三四	一八二
新一六〇三三五	五〇二
新一六〇三三六	三三六
新一六〇三三七	三八〇
新一六〇三三八	三四〇
新一六〇三三九	三四九
新一六〇三四〇	四四一
新一六〇三四一	二五九
新一六〇三四二	三八六
新一六〇三四三	五〇七
新一六〇三四四	四一一
新一六〇三四五	三九四
新一六〇三四六	三五四
新一六〇三四七	三二一
新一六〇三四八	三一九
新一六〇三四九	三五六
新一六〇三五〇	四五五
新一六〇三五一	三四五

院藏號	本書編號
新一六〇三五二	三九八
新一六〇三五三	一三〇
新一六〇三五四	二五一
新一六〇三五五	五一一
新一六〇三五六	三四八下半
新一六〇三五七	九七
新一六〇三五八	九二
新一六〇三五九	六四
新一六〇三六〇	二一六
新一六〇三六一	一一二
新一六〇三六二	三
新一六〇三六三	四五七
新一六〇三六四	一七五
新一六〇三六五	三六七
新一六〇三六六	四七五
新一六〇三六七	四六八
新一六〇三六八	三九二
新一六〇三六九	二六
新一六〇三七〇	四〇二
新一六〇三七一	四六〇
新一六〇三七二	三九九
新一六〇三七三	四一二
新一六〇三七四	四〇三
新一六〇三七五	四一三
新一六〇三七六	三六九
新一六〇三七七	二九一
新一六〇三七八	三四六
新一六〇三七九	二三三
新一六〇三八〇	一九三右上
新一六〇三八一	四〇九

院藏號	本書編號
新一六〇三八二	八
新一六〇三八三	四九三
新一六〇三八四	四二
新一六〇三八五	二四六
新一六〇三八六	四八
新一六〇三八七	二二
新一六〇三八八	二七九
新一六〇三八九	二三四
新一六〇三九〇	一七四
新一六〇三九一	二二七
新一六〇三九二	一九四
新一六〇三九三	六六
新一六〇三九四	二七七
新一六〇三九五	二一一
新一六〇三九六	一一四
新一六〇三九七	二四八
新一六〇三九八	一〇二
新一六〇三九九	二四七
新一六〇四〇〇	七八
新一六〇四〇一	七九
新一六〇四〇二	一〇五
新一六〇四〇三	一八四
新一六〇四〇四	一七九
新一六〇四〇五	七一
新一六〇四〇六	二四五
新一六〇四〇七	一五九
新一六〇四〇八	二〇六
新一六〇四〇九	二二八
新一六〇四一〇	五六
新一六〇四一一	二三七

院藏號	本書編號
新一六〇四一二	一八六
新一六〇四一三	二五四
新一六〇四一四	五九
新一六〇四一五	二一八
新一六〇四一六	二四四
新一六〇四一七	二九八
新一六〇四一八	一四八
新一六〇四一九	三一五
新一六〇四二〇	二〇二
新一六〇四二一	二六二
新一六〇四二二	二七一
新一六〇四二三	一六二
新一六〇四二四	二三〇
新一六〇四二五	二一五
新一六〇四二六	二三一
新一六〇四二七	二四三
新一六〇四二八	一九六
新一六〇四二九	三三〇
新一六〇四三〇	五一二
新一六〇四三一	一二三
新一六〇四三二	三四一
新一六〇四三三	二七三
新一六〇四三四	三三八
新一六〇四三五	一六一
新一六〇四三六	一八〇
新一六〇四三七	九八
新一六〇四三八	一五
新一六〇四三九	三〇
新一六〇四四〇	三〇六
新一六〇四四一	一六八

院藏號	本書編號
新一六〇四四二	三三三
新一六〇四四三	二六〇
新一六〇四四四	一二九
新一六〇四四五	二七八
新一六〇四四六	二四
新一六〇四四七	一三八
新一六〇四四八	八五
新一六〇四四九	一九〇
新一六〇四五〇	四四
新一六〇四五一	四六九
新一六〇四五二	二〇九
新一六〇四五三	四七八
新一六〇四五四	二七六
新一六〇四五五	一九一
新一六〇四五六	四五一
新一六〇四五七	二一九
新一六〇四五八	四四八
新一六〇四五九	二九二
新一六〇四六〇	五二
新一六〇四六一	三一四
新一六〇四六二	四五四
新一六〇四六三	三九〇
新一六〇四六四	三九一
新一六〇四六五	一一三
新一六〇四六六	四〇六
新一六〇四六七	四五〇
新一六〇四六八	一〇六
新一六〇四六九	一〇〇
新一六〇四七〇	一二四
新一六〇四七一	五〇〇

院藏號	本書編號
新一六〇四七二	二八一
新一六〇四七三	三三四
新一六〇四七四	一一八
新一六〇四七五	四三三
新一六〇四七六	三八八
新一六〇四七七	八三
新一六〇四七八	三三
新一六〇四七九	四九
新一六〇四八〇	二七
新一六〇四八一	四四七
新一六〇四八二	四〇七
新一六〇四八三	四三六左下
新一六〇四八四	三九三
新一六〇四八五	九六
新一六〇四八六	二一四
新一六〇四八七	二二三
新一六〇四八八	三五
新一六〇四八九	二九九
新一六〇四九〇	一七六
新一六〇四九一	四九七
新一六〇四九二	二九
新一六〇四九三	三八九
新一六〇四九四	二九〇
新一六〇四九五	二〇七
新一六〇四九六	二八九
新一六〇四九七	四二〇
新一六〇四九八	三七八
新一六〇四九九	四二一
新一六〇五〇〇	四〇
新一六〇五〇一	四八二

院藏號	本書編號
新一六〇五〇二	四一五
新一六〇五〇三	三六八
新一六〇五〇四	四〇八上半
新一六〇五〇五	四二六
新一六〇五〇六	三三七
新一六〇五〇七	三八七
新一六〇五〇八	三七二
新一六〇五〇九	四一六
新一六〇五一〇	三七九
新一六〇五一一	三二
新一六〇五一二	三六〇
新一六〇五一三	四六二上半
新一六〇五一四	一七八左下
新一六〇五一五	三七四
新一六〇五一六	三六五
新一六〇五一七	四二五
新一六〇五一八	四四三
新一六〇五一九	四〇八下半
新一六〇五二〇	四三八
新一六〇五二一	三六一
新一六〇五二二	五〇四
新一六〇五二三	四七〇
新七八五八二	一九三左下

表六　本書甲骨綴合表

本書編號	綴合號	綴合者	備注	綴合出處
三二	山東一一三三		綴後即合一〇二四九	
一一九	合四四六七+佚一〇一	蔡哲茂、林宏明	宮藏謝一一九與合四四六七綴後即合補一二四一	《綴集》第四組；《甲骨新綴第五六〇例》，先秦史研究室網站，二〇一五年三月二十七日
一二二	合一五七五四	林宏明		《契合集》第七六例
一五三	合補三二三三	展翔	遥綴 按：綴合者誤置兩版位置，本書一五三應置右甲，合補三二三三應置左甲。	《殷契綴合第七至十則》第十則，先秦史研究室網站，二〇二〇年五月七日
一六六	合七二〇四（佚七二九）	嚴一萍	遥綴	《綴彙》第五四四組
一八五	合補六〇〇九	林宏明		《甲骨新綴第三九五例》，先秦史研究室網站，二〇一二年十二月十四日
三四三	合三三三八五（上博二四二六·九九、摭續九五）	周忠兵		《歷組卜辭新綴》第五組，先秦史研究室網站，二〇〇六年十月九日
三四八		周忠兵		《歷組新綴二例》第一例，先秦史研究室網站，二〇一〇年十月十二日
三五〇	合三四四九四（上博二四二六·四一八、掇二八〇）	莫伯峰		《拼集》第二〇〇則
三五一	合三三〇一二（上博二四二六·一二六、摭續九一）	周忠兵		《歷組卜辭新綴一例》，先秦史研究室網站，二〇一〇年十二月十二日
三五七	合三三六一一	許進雄	綴後即合補一〇四四五	《綴彙》第一五組
三七二	合三四六三〇（安明二三七四）	莫伯峰		《拼集》第二二〇則
三七五	上博四六四八〇（存補五·三四〇·二）	周忠兵		《甲骨新綴十一例》第十一例
三九一	宮華師七九（京四七九四、謝二五九、合三五二〇七）	蔡哲茂		《綴續》第四二〇組
四〇〇	合二七三三九	王子楊		《拼續》第四二二則
四一〇	合二七六六八	李愛輝		《拼三》第六八一則
四三六		李愛輝		《拼集》第三三五則
四六二		李愛輝		《甲骨拼合第四〇一至四〇七則》第四〇四則，先秦史研究室網站，二〇一七年十二月二十五日
四八一		門藝		《綴彙》第七四九組
四八二	合三五八八七+合三八三〇六		宮藏謝四八四與合三五八八七綴後即合補一〇九八六	《合集來源表》第九一一頁
四八八	合三六八〇三	門藝		《綴彙》第六六二組
四九一	合三七七〇八+合三七七〇九	門藝、李延彦、李愛輝		《拼續》第五三二則

表七　本書事類索引表

類別	本書編號
人物（王、貞人、貴族、職官等）	六、七、九、一〇、一一、一二、一三、一四、一五、一六、二一、二三、二四、二六、二七、二八、三一、四一、四六、四九、五一、五二、五五、五六、五八、六一、六五、六六、六七、八九、九六、一〇一、一〇五、一一一、一一二、一一三、一二四、一二五、一二六、一二七、一二八、一二九、一三〇、一三一、一三二、一三三、一四一、一四二、一四九、一五三、一五四、一五五、一五六、一五八、一六五、一七五、一七六、一七八、一八三、一八四、一九一、一九三、二三五、二三六、二四三、二四四、二四五、二五四、二五九、二六五、二六九、二七〇、二七一、二七二、二七三、二七四、二七五、二七六、二八五、二九四、二九五、二九六、三〇三、三一一、三一二、三一三、三一六、三一八、三一九、三二〇、三二一、三二二、三二三、三二四、三二六、三二七、三二八、三二九、三三三、三三四、三三五、三三六、三三九、三四五、三七三、三七四、三七六、三七九、三九七、三九九、四〇八、四一六、四一八、四一九、四二五、四二六、四三四、四四二、四四五、四四六、四五〇、四五二、四五三、四五八、四五九、四六四、四六八、四八〇、四八一、四八二、四八八、四八九、四九〇
軍事（征伐、戰争、軍隊）	一〇、一三、二九、四〇、四五、四六、四七、四八、四九、一二八、一三九、一六六、一六七、一六八、一六九、一七〇、一七一、一七二、一七三、一七四、一七五、一七七、一七八、一九三、三四七、三七五、三七六、四四二、四四五、四四六、四四八、四四九、四八八
方域（地名、國族名、方位等）	一五、二九、三二、三三、三四、四〇、四五、四八、五四、一一〇、一二一、一六一、一六二、一六三、一六七、一七二、一七三、一七四、一七五、二七七、二八三、三〇二、三二七、三四四、四三七、四四七、四五〇、四五一、四五二、四五七、四五九、四六〇、四六四、四六五、四六七、四七〇、四八二、四八八、四八九
貢納與徵賦	一六、四九、八九、九六、一二四、一二九、一四〇、一四三、一四七、一四八、一四九、一五〇、一五五、一五六、三七四、三九一
社會生産（農業、畜牧業、手工業、商業）	一九二、一九三、三四八、四五六、四五七
出行（巡行、田游、田獵）	二一、三〇、三一、三二、三三、四一、五一、九一、一八一、一九四、一九五、一九六、一九七、三二八、三四一、三七七、三七九、三九七、三九九、四三四、四四三、四四七、四五〇、四五一、四五二、四五三、四五八、四五九、四六〇、四六一、四六二、四六三、四六四、四六五、四六七、四六八、四六九、四七〇、四八九
天象與氣象（星象、卜雨、卜風等）	七、一七、一八、一九、四四、九八、九九、一〇六、一一一、一一三、一一四、一一五、一一六、一一七、一一八、三〇九、三一〇、三四〇、三五四、三五九、三七一、三七二、四三五、四三六、四三七、四三八、四三九、四四一、四四六、四七〇、四七九
建築（城邑、宫室、宗廟、道路等）	二五六、四一一、四五五
占疾問夢（疾病、生育、身體、夢幻等）	七、八、四三、一〇四、一〇五、一〇六、一〇七、一〇八、一〇九、一一〇、一一二、三〇七
祭祀祝禱（犧牲、受祭者、祭法、祭儀、祭日等）	一、二、三、四、五、六、九、一〇、一一、一二、一六、二二、二七、四二、五〇、五二、六〇、六一、六二、六三、六四、六五、六六、六七、六八、六九、七〇、七一、七二、七三、七四、七五、七七、七八、七九、八〇、八一、八二、八三、八四、八五、八六、八八、八九、九〇、九二、九三、九四、九六、九七、九八、一〇〇、一〇八、一一五、一一九、一二〇、一二二、一二三、一八四、一九一、一九二、一九三、二三六、二五二、二五九、二七六、二七七、二八二、二九四、二九五、三〇一、三〇二、三〇四、三〇五、三〇六、三一八、三一九、三二〇、三二一、三二二、三二三、三二四、三二五、三三一、三三八、三三九、三四二、三四三、三四四、三四五、三四六、三四八、三四九、三五一、三五二、三五三、三五四、三五五、三五六、三五七、三五八、三五九、三六〇、三六一、三六二、三六三、三六四、三六五、三六六、三六七、三六八、三六九、三七〇、三七一、三七二、三七八、三八七、三九三、三九四、三九五、三九六、三九八、四〇〇、四〇一、四〇二、四〇三、四〇四、四〇五、四〇六、四〇七、四〇八、四〇九、四一〇、四一一、四一二、四一三、四一四、四一五、四一六、四一七、四一八、四一九、四二〇、四二一、四二二、四二三、四二四、四二五、四二六、四二七、四二九、四三〇、四四〇、四五六、四五七、四七七、四七八、四八一、四八二、四八三、四八四、四八五、四八六、四八七
平民、奴隸與人牲	三、八、九、三五一、三五二、三六四、三六六、三六九、三七九

類別	本書編號
卜旬卜夕	七、八、一九八、一九九、三一三、三一六、三一七、三一九、三三〇、三三一、三八〇、三八一、三八二、三八三、三八四、三八五、三八六、四二八、四八〇、四八八、四九〇
文字習語（兆序辭、干支、其他單字及殘字、用辭、占辭、兆辭等）	二〇、二五、三五、三六、三七、三八、三九、五三、五七、五九、七六、八七、九五、一〇二、一〇三、一三四、一三五、一三六、一三七、一三八、一四四、一四五、一四六、一五一、一五二、一五七、一五九、一六〇、一六四、一八〇、一八二、一八五、一八六、一八七、二〇〇、二〇一、二〇二、二〇三、二〇四、二〇五、二〇六、二〇七、二〇八、二〇九、二一〇、二一一、二一二、二一三、二一四、二一五、二一六、二一七、二一八、二一九、二二〇、二二一、二二二、二二三、二二四、二二五、二二六、二二七、二二八、二二九、二三〇、二三一、二三二、二三三、二三四、二三七、二三八、二三九、二四〇、二四一、二四二、二四六、二四七、二四八、二四九、二五〇、二五一、二五三、二五五、二五七、二五八、二六〇、二六一、二六二、二六三、二六四、二六六、二六七、二六八、二七八、二七九、二八〇、二八一、二八四、二八六、二八七、二八八、二八九、二九〇、二九一、二九二、二九三、二九七、二九八、二九九、三〇〇、三〇八、三一四、三一五、三一七、三三七、三五〇、三八八、三八九、三九〇、三九二、四三一、四三二、四三三、四四四、四五四、四六六、四七一、四七二、四七三、四七四、四七五、四七六、四九一、四九二、四九三、四九四、四九五、四九六、四九七、四九八、四九九、五〇〇、五〇一、五〇二、五〇三、五〇四、五〇五
習刻、僞刻、無字	三九、二九九、四四四、四九一、四九二、五〇四、五〇六、五〇七、五〇八、五〇九、五一〇、五一一、五一二、五一三、五一四
記事刻辭	一六、四九、八九、九六、一二四、一二九、一四七、一四八、一五五、一五六、三七四、三九一

表八　本書人名、地名、官名索引表

類別		名稱	本書編號
人名	商王商族	王	二三、四一、五二、六三、六六、九八、一〇五、一〇九、一四九、一七八、一八三、二三五、二五四、二七五、二七六、二八五、二九六、三〇三、三一九、三二二、三二三、三二四、三二六、三二七、三二八、三三五、三九七、三九九、四〇五、四〇八、四一六、四一八、四一九、四二五、四二六、四三四、四四二、四五〇、四五二、四五三、四五八、四五九、四六四、四六八、四八一、四八二、四八八
		王族	三一一
		我	九六、一六七、一九一、二七〇、二七四
		余	一一、一三
	貞人	王	一一、一二、一四、一五、三〇、三一、七〇、三一三、四八八、四八九、四九〇
		自	六、二三
		𡧊	五八、六七、一二七、一七五、一九一、二三五、二六九、二七〇
		㱿	五五、五六、一二五、一五三、一七六、一八三、一八四、二三六、二四三、二四四、二四五、二六五、二七一、二七二
		永	一九八、二七三、二七四
		爭	四六、五一、六一、一〇一、一一一、一四一、一五四
		韋	八九
		古	二五九、二九四、二九五
		内	一七〇
		出	三一六、三二〇、三二三、三二九、三三三、三三四
		大	三一六
		旅	三一八、三三六
		即	三二一、三二六
		何	四八〇
		行	三二八
	貴族	丮	一二
		目	一六
		丞	二一

類別		名稱	本書編號
人名	貴族	司	二四
		雀	二六、四九、一二一、一二三、三一二
		皋	六五、一三一、一三二、一三三、一九三
		川	一九三
		望	一六五
		亘	四九、一八四
		自	一二五
		自般	一二六
		衛	六八
		冎	九（或爲國族名）
		沚戓／戓	一二七、一二八、一二九
		甾	一二四
		陜	一三〇
		盧	三四五
		臭	三七四
		疋	三七六
		並	三七九
		子戈	三三九
		子某	六
		萑侯	二八
		某侯	一九三
		羌甘	七
	婦女	婦鼠	四
		婦嫀	二七
		婦姘	一〇八
		［婦］好	一二〇
		婦某	一二四、一五六

		名稱	本書編號
人名	婦女	[illegible]	八
人名	婦女	[illegible]	一〇
人名	史官	吕	八九
人名	史官	争	一五五
人名	史官	則	三七四
人名	史官	戌	四四五
國族名		[illegible]	九（或爲貴族名）
國族名		敎	四八（或作動詞）
國族名		[illegible]	四五
國族名		𢓊	四〇
國族名		冒	一二一
國族名		何	二八三
國族名		羌	二九、三三
國族名		𦉪	五四
國族名		下危	一六三
國族名		周	一一〇
國族名		舌方	一六一、一七二、一七三、一七四、一七五
國族名		人方	四八八
國族名		方	一三
國族名		某方	一六二
神主名	祖先	大甲	三五四
神主名	祖先	大乙	四〇六、四一二
神主名	祖先	大庚	三四二
神主名	祖先	大某	六四、六九
神主名	祖先	祖乙	三、六二、三五七
神主名	祖先	祖丁	四二七
神主名	祖先	祖辛	六五
神主名	祖先	祖某	七一、九八、二五二、四〇一、四〇五
神主名	祖先	毓祖丁	四一四
神主名	祖先	毓祖乙	三九五

		名稱	本書編號
神主名	祖先	妣庚	一、一九〇
神主名	祖先	妣己	三
神主名	祖先	祖乙奭妣己	三一九
神主名	祖先	妣某	五、七二、七三、四一五、四二四
神主名	祖先	父乙	七四
神主名	祖先	父丁	三五一、三五二、三五五、三五六、四〇三
神主名	祖先	父辛	一六
神主名	祖先	父某	六〇、二八二、三六二
神主名	祖先	母辛	三二五
神主名	祖先	母某	六八、四一〇、四七七
神主名	祖先	兄丁	一一九
神主名	祖先	兄辛	四〇〇
神主名	祖先	高某	四一三
神主名	祖先	丁	一〇
神主名	祖先	上甲	六八、三六六、三七八、四〇二、四一五、四一七
神主名	祖先	唐	二六
神主名	祖先	黄尹	八四、三三一
神主名	祖先	外丙	三六一
神主名	祖先	小甲	四八一
神主名	祖先	戔甲	四八二
神主名	祖先	羌甲	三九四、四八二
神主名	祖先	某乙	六一
神主名	祖先	某丁	三五三
神主名	祖先	九示	七〇
神主名	祖先	夒	四〇九
神主名	祖先	岳	三六三
神主名	祖先	河	五〇、三六〇
神主名	祖先	多某	六七
神主名	神名	東母	八四
地名	建築	㣈室	二五七

類別		名稱	本書編號
地名	建築	亳社	四一一
地名	建築	東寢	四五五
地名	建築	西寢	四五五
地名	地域	‖	三二
地名	地域	折	三四
地名	地域	洮	一八九
地名	地域	甘	二七七
地名	地域	檠/殸京	一五、一九〇
地名	地域	自木	三二七
地名	地域	害	四八九
地名	地域	壴	四八九
地名	地域	戱	四五一
地名	地域	昷	四五九、四六〇
地名	地域	喪	四四七、四六七
地名	地域	宫	四五二
地名	地域	圅	四六四
地名	地域	涵	四七〇
地名	地域	霍	四八二
地名	地域	又	四六五
地名	地域	盂	四三七、四五〇、四五七
地名	地域	東	一七九、三〇二、三四四
地名	地域	南	三四四
地名	地域	西	四六五
地名	山川	滴	一八八(水名)
官名		多任	一五八
官名		多亡	三七三
官名		馬	四四六

引書簡稱及參考文獻

《佚》 商承祚《殷契佚存》，金陵大學中國文化研究所叢刊甲種影印本，一九三三年。

《摭續》 李亞農《殷契摭佚續編》，商務印書館，一九五〇年。

《京》 胡厚宣《戰後京津新獲甲骨集》，群聯出版社，一九五四年。

《續存》 胡厚宣《甲骨續存》，群聯出版社，一九五五年。

《安明》 許進雄 *The Menzies Collection of Shang Dynasty Oracle Bones*（《明義士收藏甲骨文字》），加拿大皇家安大略博物館，一九七二年。

《謝》 ［日］松丸道雄《謝氏瓠廬殷墟遺文》（東京）汲古書院，一九七九年。

《合》 郭沫若 主編《甲骨文合集》，中華書局，一九七八至一九八二年。

《存補》 胡厚宣《甲骨續存補編》，天津古籍出版社，一九九六年。

《山東》 劉敬亭《山東省博物館珍藏甲骨墨拓集》，齊魯書社，一九九八年。

《合補》 彭邦炯、謝濟、馬季凡《甲骨文合集補編》，語文出版社，一九九九年。

《合集來源表》 胡厚宣 主編《甲骨文合集材料來源表》，中國社會科學出版社，一九九九年。

《掇二》 郭若愚《殷契拾掇（三編）》，上海古籍出版社，二〇〇五年。

《上博》 濮茅左《上海博物館藏甲骨文字》，上海辭書出版社，二〇〇九年。

《宮藏謝》 故宮博物院《故宮博物院藏殷墟甲骨文·謝伯殳卷〔壹〕〔貳〕》，中華書局，二〇二一年。

《宮華師》 故宮博物院《故宮博物院藏殷墟甲骨文·謝伯殳卷〔叁〕附編 華東師範大學藏謝伯殳等甲骨》，中華書局，二〇二二年。

《綴集》 蔡哲茂《甲骨綴合集》，（臺北）樂學書局，一九九九年。

《拼集》 黃天樹 主編《甲骨拼合集》，學苑出版社，二〇一〇年。

《拼續》 黃天樹 主編《甲骨拼合續集》，學苑出版社，二〇一一年。

《綴彙》 蔡哲茂《甲骨綴合彙編》，（新北）花木蘭文化出版社，二〇一一年。

《契合集》 林宏明《契合集》，（臺北）萬卷樓圖書股份有限公司，二〇一三年。

《拼三》 黃天樹 主編《甲骨拼合三集》，學苑出版社，二〇一三年。

蔡哲茂《〈甲骨文合集〉辨僞舉例》，《漢學研究》第二十四卷第一期，二〇〇六年。

李愛輝《甲骨拼合第四〇一至四〇七則》，中國社會科學院歷史研究所先秦史研究室網站，http://www.xianqin.org/blog/archives/9624.html，二〇一七年十二月二十五日。

李延彦《故宮博物院藏一版甲骨綴合淺析》，《故宮博物院院刊》二〇一九年第八期。

林宏明《甲骨新綴第三九五例》，中國社會科學院歷史研究所先秦史研究室網站，http://www.xianqin.org/blog/archives/2867.html，二〇一二年十二月十四日。
林宏明《甲骨新綴第五六〇例》，中國社會科學院歷史研究所先秦史研究室網站，http://www.xianqin.org/blog/archives/5070.html，二〇一五年三月二十七日。
展翔《殷契綴合第七至一〇則》，中國社會科學院先秦史研究室網站，http://www.xianqin.org/blog/archives/12558.html，二〇二〇年五月七日。
周忠兵《歷組卜辭新綴》，中國社會科學院歷史研究所先秦史研究室網站，http://www.xianqin.org/blog/archives/461.html，二〇〇六年十月九日。
周忠兵《甲骨新綴十一例》，《殷都學刊》二〇〇七年第二期。
周忠兵《歷組新綴二例》，中國社會科學院歷史研究所先秦史研究室網站，http://www.xianqin.org/blog/archives/2096.html，二〇一〇年十月十二日。
周忠兵《歷組卜辭新綴一例》，中國社會科學院歷史研究所先秦史研究室網站，http://www.xianqin.org/blog/archives/2187.html，二〇一〇年十二月十二日。
李宗焜《甲骨文字編》，中華書局，二〇一二年。
香港中文大學中國文化研究所劉殿爵中國古籍研究中心，漢達文庫（甲骨文），http://www.chant.org/。